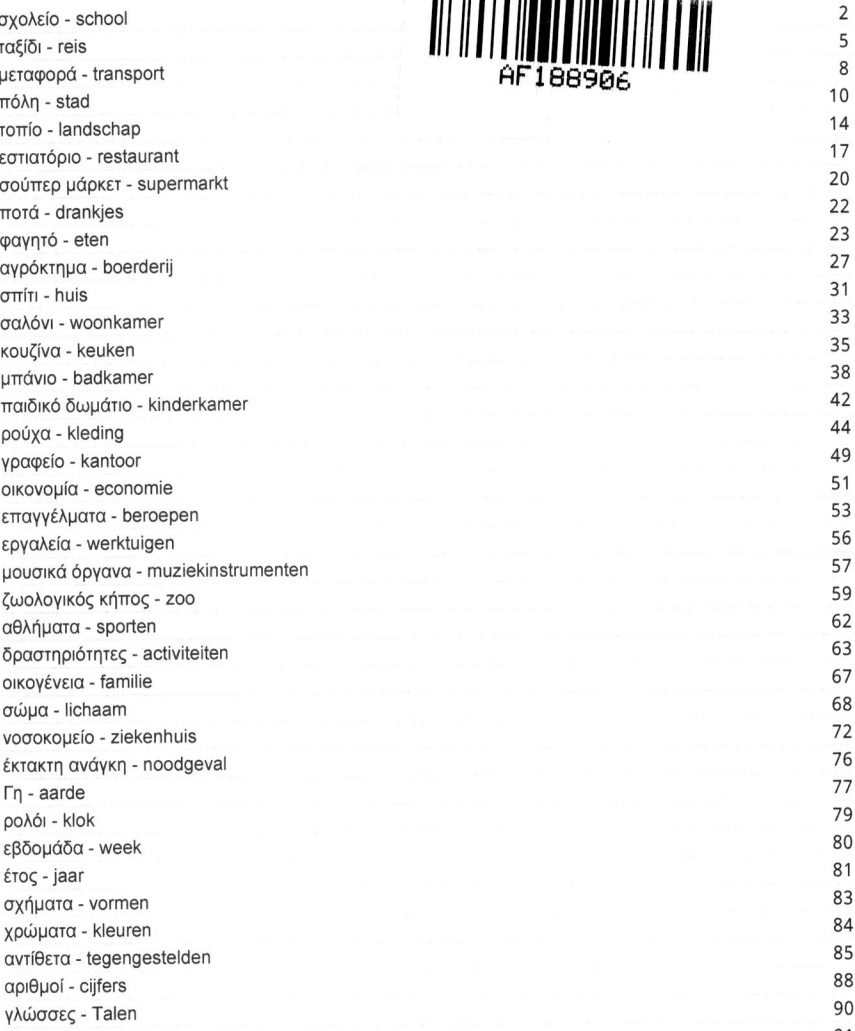

Impressum
Verlag: BABADADA GmbH, Nedderfeld 112 , 22529 Hamburg
Geschäftsführer / Verlagsleitung: Harald Hof
Druck: Books on Demand GmbH, In de Tarpen 42, 22848 Norderstedt

Imprint
Publisher: BABADADA GmbH, Nedderfeld 112 , 22529 Hamburg, Germany
Managing Director / Publishing direction: Harald Hof
Print: Books on Demand GmbH, In de Tarpen 42, 22848 Norderstedt

σχολείο
school

σχολική τάξη
klaslokaal

διαιρώ
delen

186/2

πίνακας
bord

σχολική αυλή
speelplaats

δάσκαλος
leerkracht

χαρτί
papier

γράφω
schrijven

στυλό
pen

γραφείο
bureau

χάρακας
liniaal

βιβλίο
boek

μαθητής
leerling

σχολική τσάντα
schooltas

κασετίνα/ μολυβοθήκη
pennenzak

μολύβι
potlood

ξύστρα
puntenslijper

γόμα
gom

μπλοκ ζωγραφικής
tekenblok

ζωγραφική

tekening

πινέλο

verfborstel

κουτί χρωμάτων

verfdoos

ψαλίδι

schaar

κόλλα

lijm

τετράδιο ασκήσεων

werkboek

εργασία για το σπίτι

huiswerk

αριθμός

nummer

προσθέτω

optellen

αφαιρώ

aftrekken

πολλαπλασιάζω

vermenigvuldigen

υπολογίζω

rekenen

γράμμα

letter

αλφάβητο

alfabet

λέξη

woord

κείμενο
tekst

διαβάζω
Lezen

κιμωλία
krijt

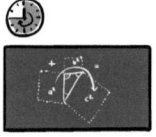

μάθημα
les

εγγράφομαι
klassenboek

τεστ
examen

πιστοποιητικό
certificaat

μαθητική στολή
schooluniform

εκπαίδευση
onderwijs

εγκυκλοπαίδεια
encyclopedie

πανεπιστήμιο
universiteit

μικροσκόπιο
microscoop

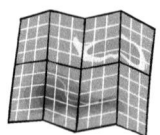

χάρτης
kaart

καλάθι αχρήστων
papiermand

ταξίδι
reis

ξενοδοχείο
hotel
Grand
ξενώνας
jeugdherberg
ROOMS
ανταλλακτήρια συναλλάγματος
wisselkantoor
βαλίτσα
koffer
αυτοκίνητο
auto

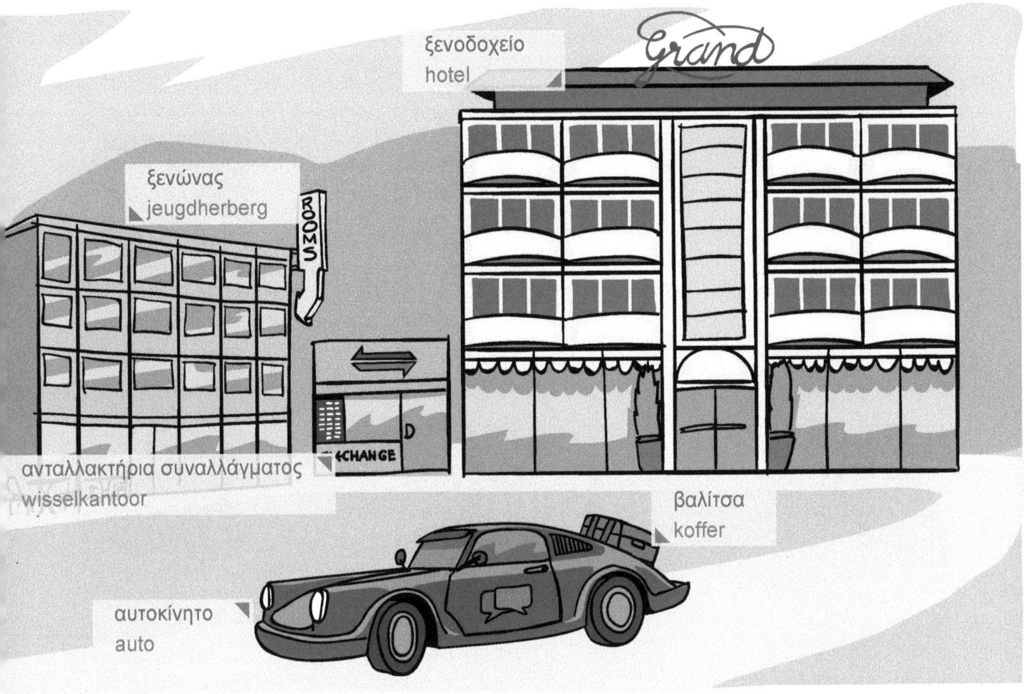

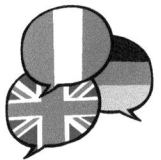

γλώσσα

Taal

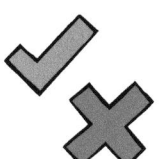

ναι / όχι

ja / nee

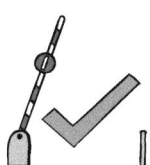

εντάξει

oké

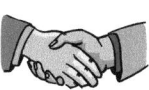

γεια σου

hallo

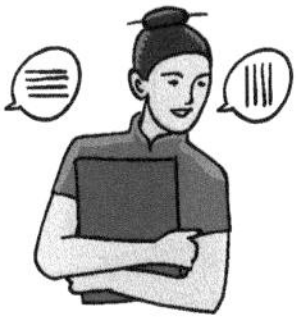

μεταφραστής

vertaler

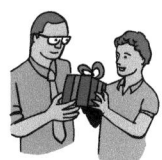

Ευχαριστώ

bedankt

πόσο κάνει ;

Hoeveel kost …?

Δε καταλαβαίνω

Ik begrijp het niet

πρόβλημα

probleem

Καλησπέρα!

Goedenavond!

Καλημέρα!

Goedemorgen!

Καληνύχτα!

Goedenavond!

Αντίο

Tot ziens

κατεύθυνση

richting

αποσκευές

bagage

τσάντα

zak

σακίδιο πλάτης

rugzak

καλεσμένος

gast

δωμάτιο

kamer

υπνόσακος

slaapzak

σκηνή

tent

τουριστικές πληροφορίες
toeristeninformatie

παραλία
strand

πιστωτική κάρτα
kredietkaart

πρωινό
ontbijt

μεσημεριανό
lunch

δείπνο
avondeten

εισιτήριο
ticket

ανελκυστήρας
lift

γραμματόσημο
postzegel

σύνορα
grens

τελωνείο
douane

πρεσβεία
ambassade

βίζα
visum

διαβατήριο
paspoort

μεταφορά
transport

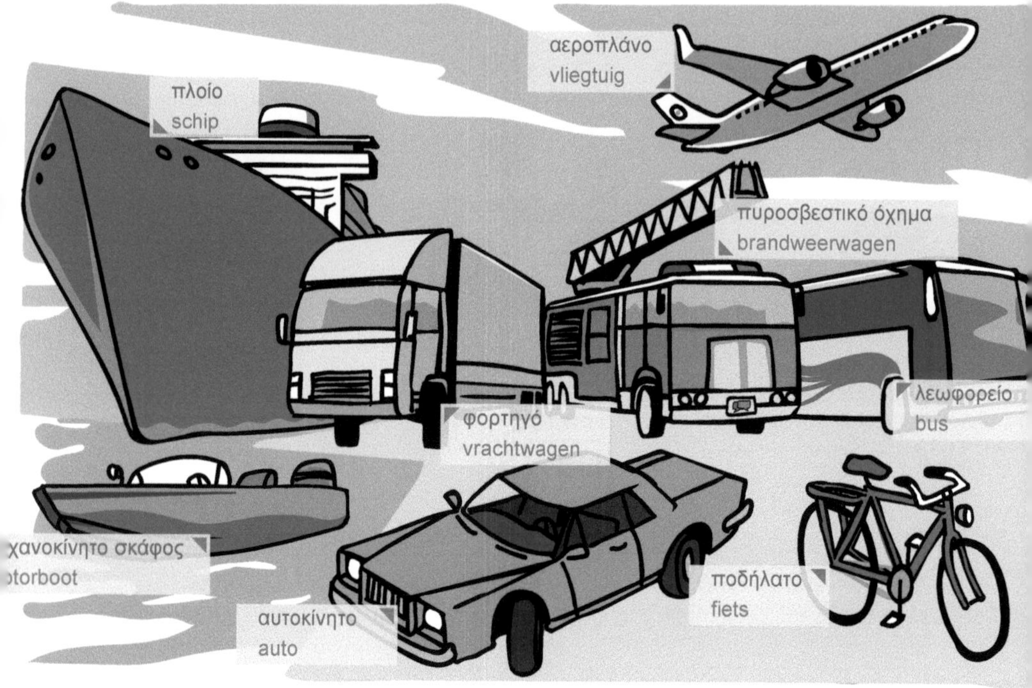
αεροπλάνο
vliegtuig
πλοίο
schip
πυροσβεστικό όχημα
brandweerwagen
λεωφορείο
bus
φορτηγό
vrachtwagen
χανοκίνητο σκάφος
torboot
ποδήλατο
fiets
αυτοκίνητο
auto

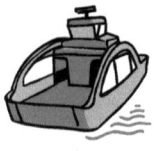

φεριμπότ
veerboot

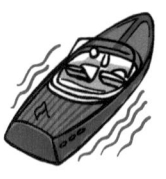

βάρκα
boot

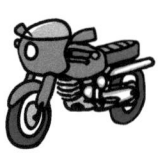

μοτοσικλέτα
motor

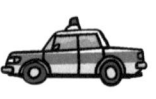

περιπολικό
politiewagen

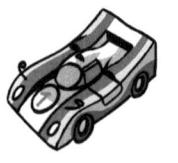

αγωνιστικό αυτοκίνητο
racewagen

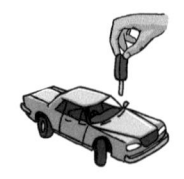

ενοικιαζόμενο αυτοκίνητο
huurauto

ιαμοιρασμός αυτοκινήτων

carpoolen

γερανός

sleepwagen

απορριμματοφόρο

vuilniswagen

κινητήρας

motor

καύσιμο

benzine

βενζινάδικο

benzinestation

πινακίδα σήμανσης

verkeersbord

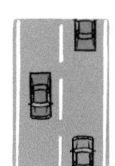

κυκλοφορία

verkeer

κυκλοφοριακή συμφόρηση

file

χώρος στάθμευσης

parkeerplaats

σιδηροδρομικός σταθμός

station

σιδηροδρομικές γραμμές

sporen

τρένο

trein

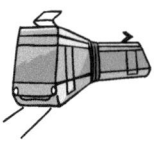

τραμ

tram

βαγόνι

wagon

ελικόπτερο

helikopter

αεροδρόμιο

luchthaven

πύργος

toren

επιβάτης

passagier

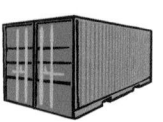

εμπορευματοκιβώτιο

container

χαρτοκιβώτιο

karton

καρότσι

kar

καλάθι

mand

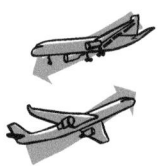

απογειώνομαι /
προσγειόνομαι

opstijgen / landen

πόλη
stad

χωριό

dorp

κέντρο της πόλης

stadscentrum

σπίτι

huis

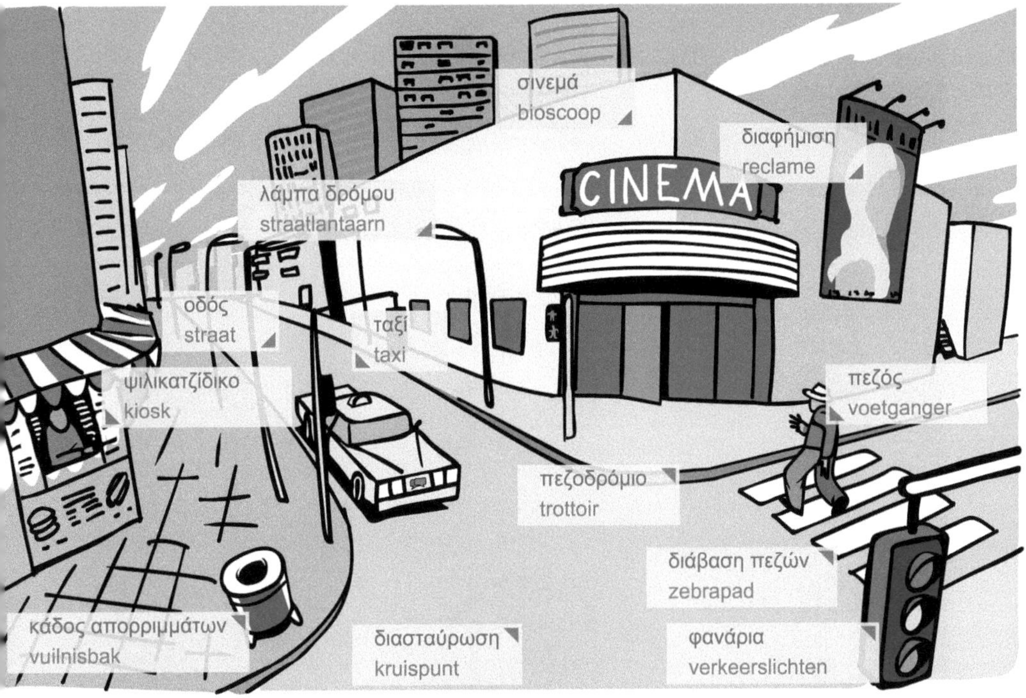

σινεμά
bioscoop

διαφήμιση
reclame

λάμπα δρόμου
straatlantaarn

οδός
straat

ταξί
taxi

ψιλικατζίδικο
kiosk

πεζός
voetganger

πεζοδρόμιο
trottoir

διάβαση πεζών
zebrapad

κάδος απορριμμάτων
vuilnisbak

διασταύρωση
kruispunt

φανάρια
verkeerslichten

καλύβα
hut

διαμέρισμα
woning

σιδηροδρομικός σταθμός
station

δημαρχείο
stadshuis

μουσείο
museum

σχολείο
school

πανεπιστήμιο

universiteit

τράπεζα

bank

νοσοκομείο

ziekenhuis

ξενοδοχείο

hotel

φαρμακείο

apotheek

γραφείο

kantoor

βιβλιοπωλείο

boekwinkel

κατάστημα

winkel

ανθοπωλείο

bloemenwinkel

σούπερ μάρκετ

supermarkt

αγορά

markt

πολυκατάστημα

warenhuis

ιχθυοπωλείο

vishandelaar

εμπορικό κέντρο

winkelcentrum

λιμάνι

haven

πάρκο

park

παγκάκι

bank

γέφυρα

brug

σκάλες

trap

μετρό

metro

τούνελ

tunnel

στάση λεωφορείου

bushalte

μπαρ

bar

εστιατόριο

restaurant

γραμματοκιβώτιο

brievenbus

πινακίδα δρόμου

straatnaambord

παρκόμετρο

parkeermeter

ζωολογικός κήπος

zoo

πισίνα

zwembad

τζαμί

moskee

πόλη - stad

αγρόκτημα

boerderij

ρύπανση

milieuverontreiniging

νεκροταφείο

kerkhof

εκκλησία

kerk

παιδική χαρά

speelplaats

ναός

tempel

τοπίο
landschap

φύλλο
blad

πινακίδα κατεύθυνσης
wegwijzer

δρόμος
weg

λιβάδι
weide

πέτρα
steen

πεζοπόρος
wandelaar

δέντρο
boom

ποτάμι
rivier

χορτάρι
gras

λουλούδι
bloem

κοιλάδα

vallei

λόφος

heuvel

λίμνη

meer

δάσος

bos

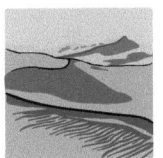

έρημος

woestijn

ηφαίστειο

vulkaan

κάστρο

kasteel

ουράνιο τόξο

regenboog

μανιτάρι

paddenstoel

φοίνικας

palmboom

κουνούπι

mug

μύγα

vlieg

μυρμήγκι

mier

μέλισσα

bijl

αράχνη

spin

τοπίο - landschap

σκαθάρι

kever

βάτραχος

kikker

σκίουρος

eekhoorn

σκαντζόχοιρος

egel

λαγός

haas

κουκουβάγια

uil

πουλί

vogel

κύκνος

zwaan

αγριογούρουνο

wild zwijn

ελάφι

hert

άλκη

eland

φράγμα

dam

ανεμογεννήτρια

windturbine

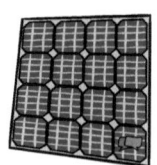

ηλιακός συλλέκτης

zonnepaneel

κλίμα

klimaat

εστιατόριο
restaurant

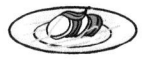

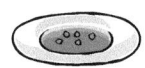

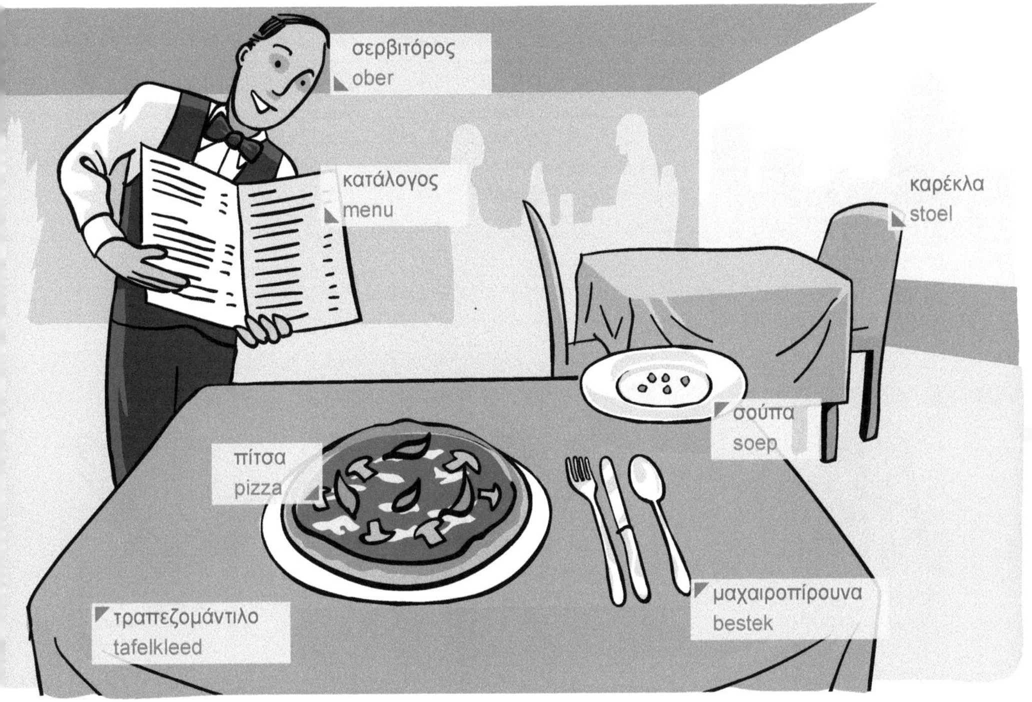
σερβιτόρος
ober
κατάλογος
menu
καρέκλα
stoel
σούπα
soep
πίτσα
pizza
μαχαιροπίρουνα
bestek
τραπεζομάντιλο
tafelkleed

ορεκτικό

voorgerecht

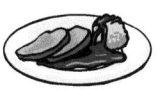

κύριο πιάτο

hoofdgerecht

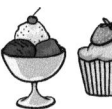

επιδόρπιο

nagerecht

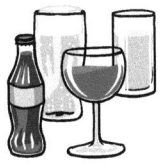

ποτά

drankjes

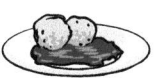

φαγητό

eten

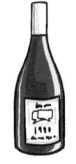

μπουκάλι

fles

φαστ φουντ

fastfood

φαγητό στ' όρθιο

street food

τσαγιέρα

theepot

δοχείο ζάχαρης

suikerpot

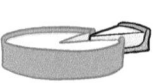

μερίδα

portie

μηχανή εσπρέσο

espressomachine

ψηλή καρέκλα

kinderstoel

λογαριασμός

rekening

δίσκος

dienblad

μαχαίρι

mes

πιρούνι

vork

κουτάλι

lepel

κουταλάκι του τσαγιού

theelepel

πετσέτα φαγητού

serviette

ποτήρι

glas

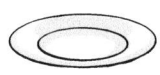

πιάτο
bord

πιάτο σούπας
soepbord

πιατάκι φλιτζανιού
schoteltje

σάλτσα
saus

αλατιέρα
zoutvatje

μύλος για πιπέρι
pepermolen

ξύδι
azijn

λάδι
olie

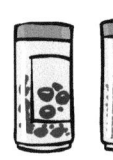

μπαχαρικά
kruiden

κέτσαπ
ketchup

μουστάρδα
mosterd

μαγιονέζα
mayonaise

σούπερ μάρκετ
supermarkt

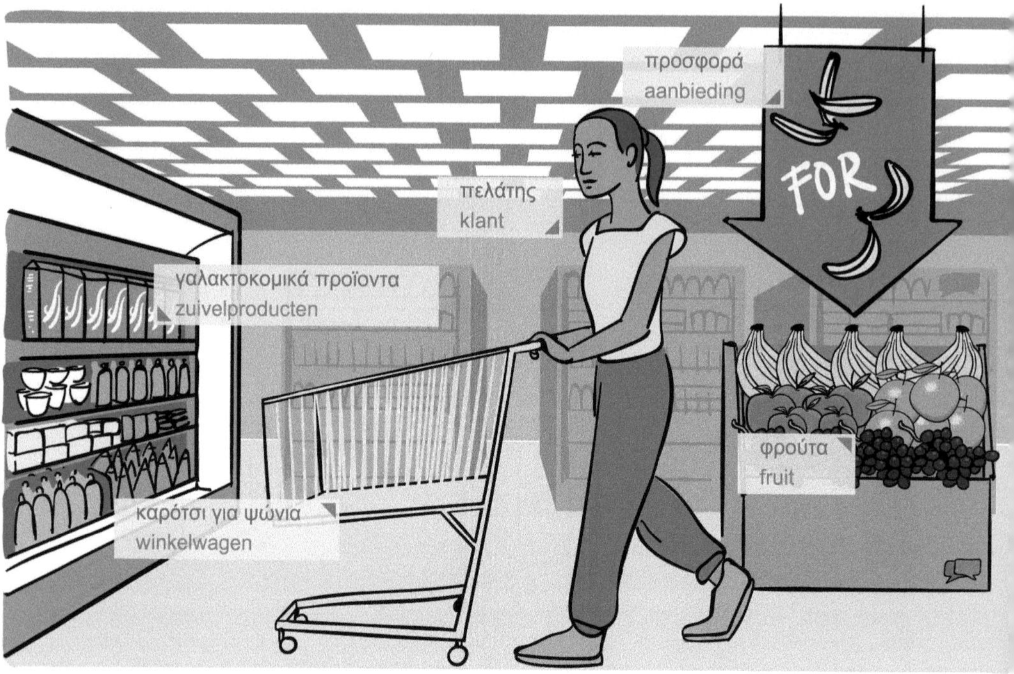
προσφορά
aanbieding
FOR
πελάτης
klant
γαλακτοκομικά προϊόντα
zuivelproducten
φρούτα
fruit
καρότσι για ψώνια
winkelwagen

BUTCHERS

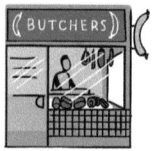

κρεοπωλείο

slagerij

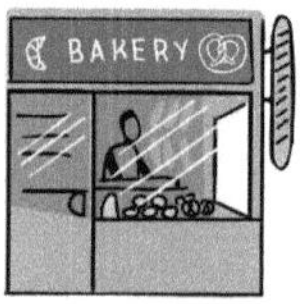
BAKERY

φούρνος

bakkerij

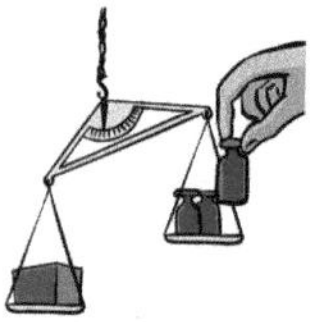

ζυγίζω

wegen

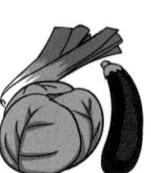

λαχανικά

groenten

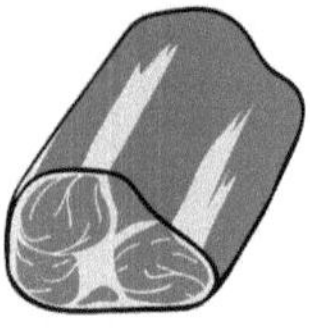

κρέας

vlees

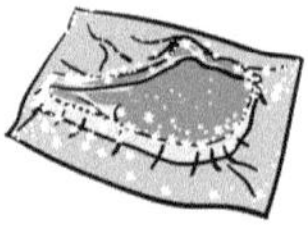

κατεψυγμένα τρόφιμα

diepvriesvoedsel

αλλαντικά

charcuterie

κονσερβοποιημένη τροφή

conserven

απορρυπαντικό ρούχων

waspoeder

γλυκά

snoep

οικιακά είδη

huishoudproducten

καθαριστικά προϊόντα

schoonmaakproducten

πωλήτρια

verkoopster

ταμείο

kassa

ταμίας

kassier

λίστα για ψώνια

boodschappenlijstje

ωράριο λειτουργίας

openingstijden

πορτοφόλι

portefeuille

πιστωτική κάρτα

kredietkaart

τσάντα

tas

πλαστική σακούλα

plastieken zakje

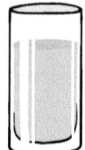

νερό

water

χυμός

sap

γάλα

melk

κόκα κόλα

cola

κρασί

wijn

μπίρα

bier

αλκοόλ

alcohol

κακάο

cacao

τσάι

thee

καφές

koffie

εσπρέσο

espresso

καπουτσίνο

cappuccino

μπανάνα

banaan

μήλο

appel

πορτοκάλι

sinaasappel

πεπόνι

meloen

λεμόνι

citroen

καρότο

wortel

σκόρδο

knoflook

μπαμπού

bamboe

κρεμμύδι

ajuin

μανιτάρι

champignon

ξηροί καρποί

noten

νουντλς

noodles

μακαρόνια

spaghetti

ρύζι

rijst

σαλάτα

salade

πατατάκια

frieten

τηγανητές πατάτες

gebakken aardappelen

πίτσα

pizza

χάμπουργκερ

hamburger

σάντουιτς

sandwich

κοτολέτα

kalfslapje

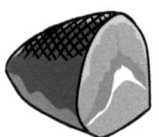

ζαμπόν

ham

σαλάμι

salami

λουκάνικο

worst

κοτόπουλο

kip

ψητό

braden

ψάρι

vis

φαγητό - eten

χυλός βρώμης

havervlokken

μούσλι

muesli

κορν φλέικς

cornflakes

αλεύρι

bloem

κρουασάν

croissant

ψωμάκι

pistolet

ψωμί

brood

τοστ

toast

μπισκότα

koekjes

βούτυρο

boter

τυρόπηγμα

kwark

κέικ

taart

αυγό

ei

τηγανητό αυγό

spiegelei

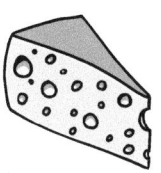

τυρί

kaas

παγωτό

ijs

ζάχαρη

suiker

μέλι

honing

μαρμελάδα

confituur

άλλειμμα σοκολάτας

choco

κάρυ

curry

αγρόκτημα
boerderij

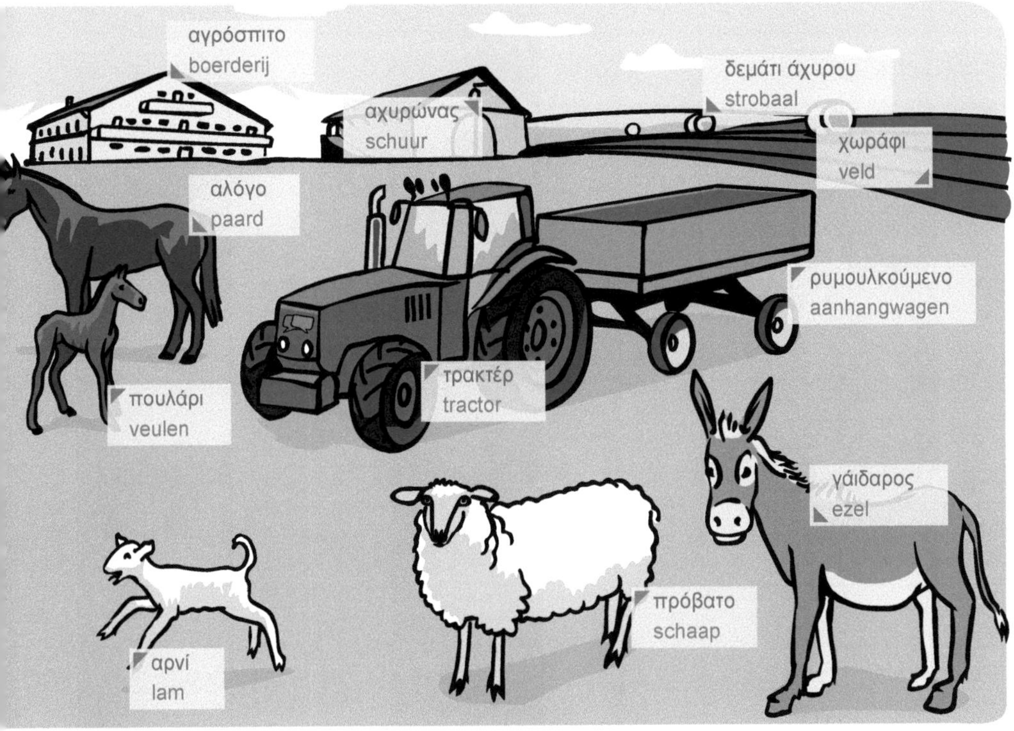
αγρόσπιτο
boerderij
δεμάτι άχυρου
strobaal
αχυρώνας
schuur
χωράφι
veld
αλόγο
paard
ρυμουλκούμενο
aanhangwagen
τρακτέρ
tractor
πουλάρι
veulen
γάιδαρος
ezel
πρόβατο
schaap
αρνί
lam

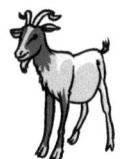

κατσίκα
geit

αγελάδα
koe

μοσχαράκι
kalf

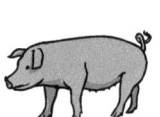

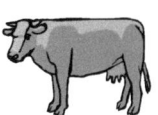

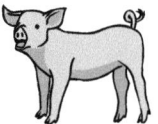

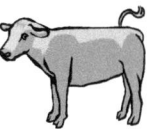

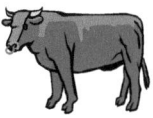

γουρούνι
varken

γουρουνάκι
biggetje

ταύρος
stier

χήνα
gans

πάπια
eend

κοτοπουλάκι
kuiken

κότα
kip

κόκορας
haan

αρουραίος
rat

γάτα
kat

ποντίκι
muis

βόδι
os

σκύλος
hond

σπιτάκι σκύλου
hondenhok

λάστιχο κήπου
tuinslang

ποτιστήρι
gieter

θεριστήρι
zeis

αλέτρι
ploeg

δρεπάνι

sikkel

τσάπα

schoffel

δίκρανο

hooivork

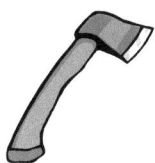

τσεκούρι

bijl

χειράμαξα

kruiwagen

ταΐστρα

trog

δοχείο γάλακτος

melkkan

σάκος

zak

φράχτης

hek

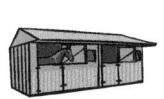

στάβλος

stal

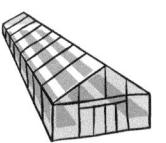

θερμοκήπιο

broeikas

έδαφος

bodem

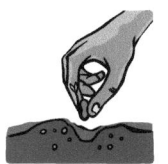

σπόρος

zaad

λίπασμα

mest

θεριζοαλωνιστική μηχανή

maaidorser

αγρόκτημα - boerderij

29

θερίζω

oogsten

συγκομιδή

oogst

γιαμς

yam

σιτάρι

tarwe

σόγια

soja

πατάτα

aardappel

καλαμπόκι

maïs

κράμβη

koolzaad

οπωροφόρο δέντρο

fruitboom

μανιόκα

maniok

δημητριακά

graan

σπίτι
huis

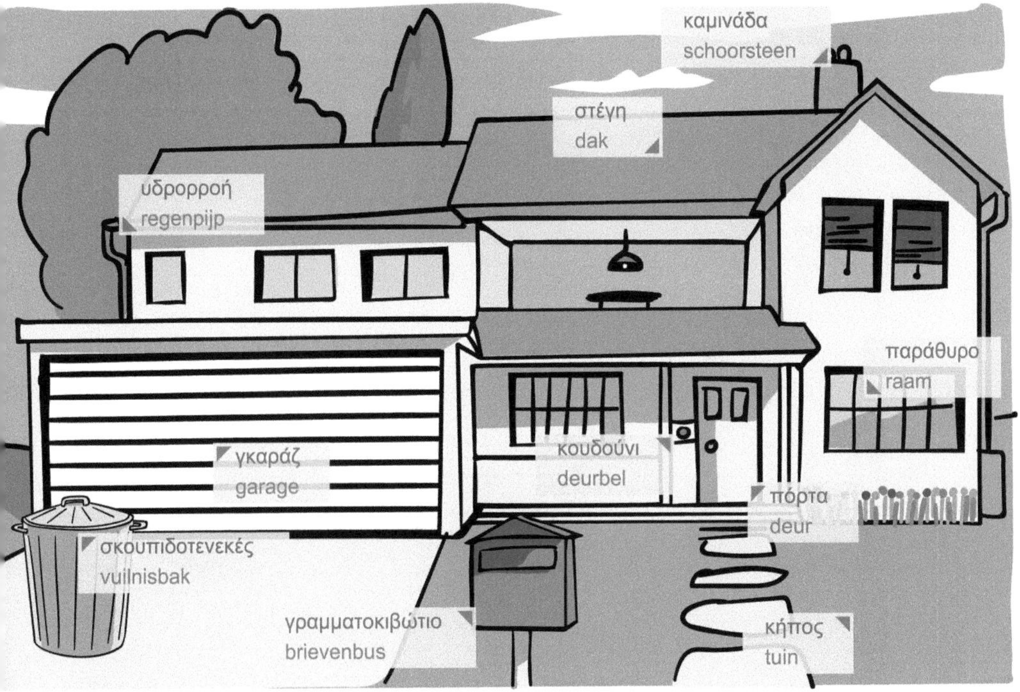

καμινάδα
schoorsteen
στέγη
dak
υδρορροή
regenpijp
παράθυρο
raam
γκαράζ
garage
κουδούνι
deurbel
πόρτα
deur
σκουπιδοτενεκές
vuilnisbak
γραμματοκιβώτιο
brievenbus
κήπος
tuin

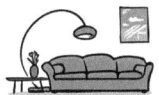

σαλόνι

woonkamer

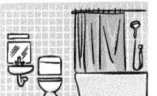

μπάνιο

badkamer

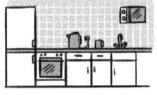

κουζίνα

keuken

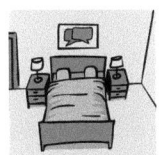

υπνοδωμάτιο

slaapkamer

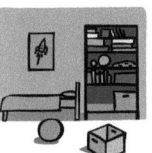

παιδικό δωμάτιο

kinderkamer

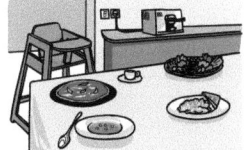

τραπεζαρία

eetkamer

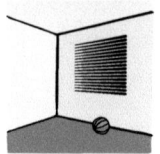

πάτωμα
vloer

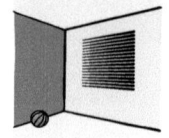

τοίχος
muur

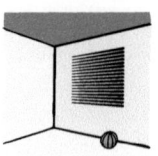

οροφή
plafond

κελάρι
kelder

σάουνα
sauna

μπαλκόνι
balkon

βεράντα
terras

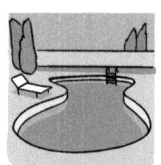

πισίνα
zwembad

μηχανή του γκαζόν
grasmaaier

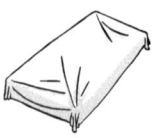

σεντόνι
dekbedovertrek

κάλυμμα κρεβατιού
dekbed

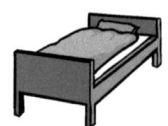

κρεβάτι
bed

σκούπα
bezem

κουβάς
emmer

διακόπτης
schakelaar

σαλόνι
woonkamer

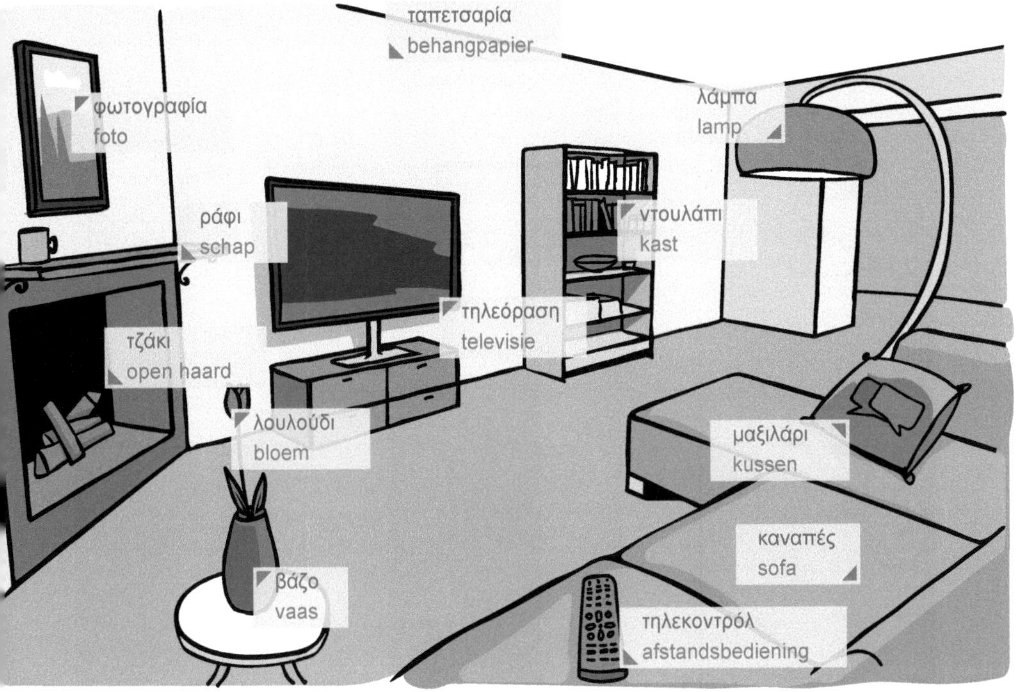
ταπετσαρία
behangpapier
φωτογραφία
foto
λάμπα
lamp
ράφι
schap
ντουλάπι
kast
τηλεόραση
televisie
τζάκι
open haard
λουλούδι
bloem
μαξιλάρι
kussen
καναπές
sofa
βάζο
vaas
τηλεκοντρόλ
afstandsbediening

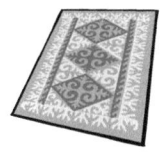

χαλί
mat

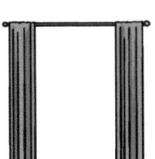

κουρτίνα
gordijn

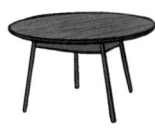

τραπέζι
tafel

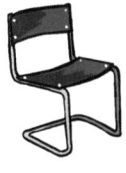

καρέκλα
stoel

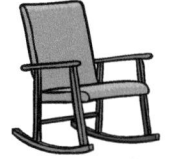

κουνιστή πολυθρόνα
schommelstoel

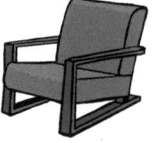

πολυθρόνα
fauteuil

βιβλίο
boek

κουβέρτα
deken

διακόσμηση
decoratie

καυσόξυλα
brandhout

ταινία
film

στερεοφωνικό σύστημα
stereo-installatie

κλειδί
sleutel

εφημερίδα
krant

πίνακας ζωγραφικής
schilderij

αφίσα
poster

ραδιόφωνο
radio

σημειωματάριο
notitieboekje

ηλεκτρική σκούπα
stofzuiger

κάκτος
cactus

κερί
kaars

κουζίνα
keuken

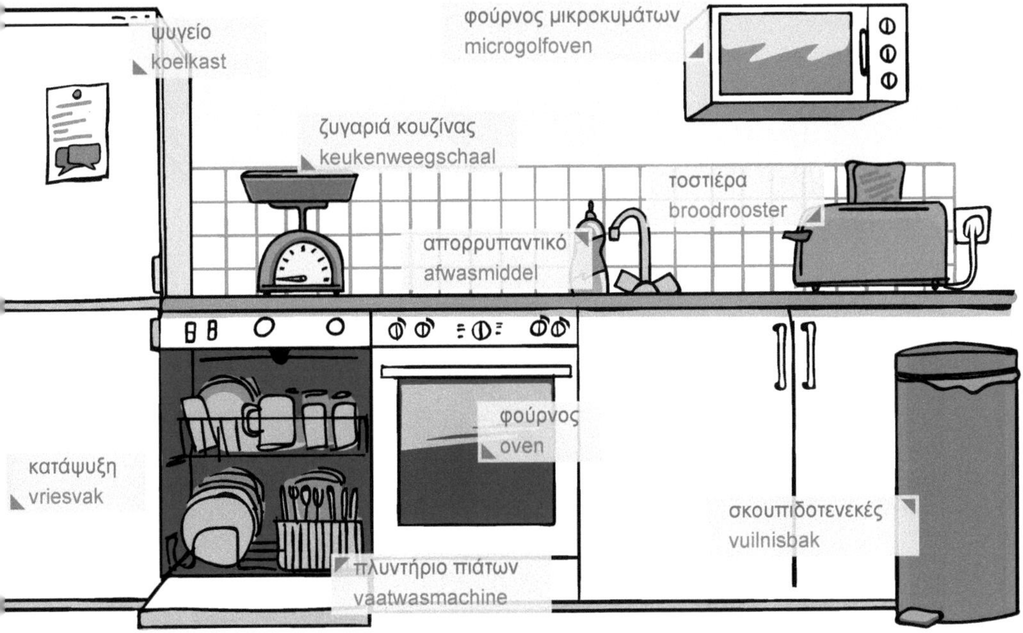

φούρνος μικροκυμάτων
microgolfoven
ψυγείο
koelkast
ζυγαριά κουζίνας
keukenweegschaal
τοστιέρα
broodrooster
απορρυπαντικό
afwasmiddel
φούρνος
oven
κατάψυξη
vriesvak
σκουπιδοτενεκές
vuilnisbak
πλυντήριο πιάτων
vaatwasmachine

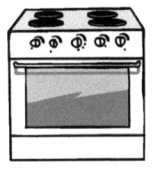

κουζίνα

fornuis

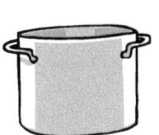

κατσαρόλα

pot

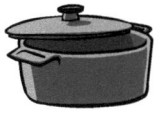

μαντεμένια κατσαρόλα

gietijzeren pot

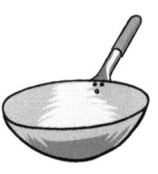

γουόκ/καντάι

wok / kadai

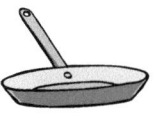

τηγάνι

pan

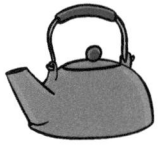

βραστήρας

waterkoker

ατμομάγειρας
stoomkoker

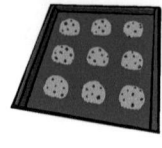

ταψί
bakplaat

πιατικά
servies

κούπα
mok

μπολ
kom

ξυλάκια
eetstokjes

κουτάλα
pollepel

σπάτουλα
spatel

ανακατεύω
garde

σουρωτήρι
vergiet

σουρωτηράκι
zeef

τρίφτης
rasp

γουδί
mortier

ψησταριά
barbecue

ανοιχτή φωτιά
haardvuur

σανίδα κοπής

snijplank

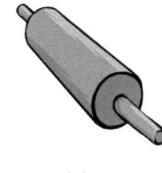

πλάστης

deegrol

ανοιχτήρι φελλών

kurkentrekker

κονσέρβα

blik

ανοιχτήρι κονσέρβας

blikopener

γάντι φούρνου

pannenlap

νεροχύτης

gootsteen

βούρτσα

borstel

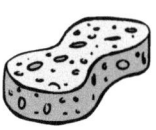

σφουγγάρι

spons

μπλέντερ

blender

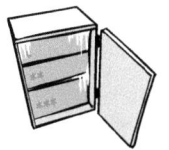

καταψύκτης

vriezer

μπιμπερό

papfles

βρύση

kraan

μπάνιο
badkamer

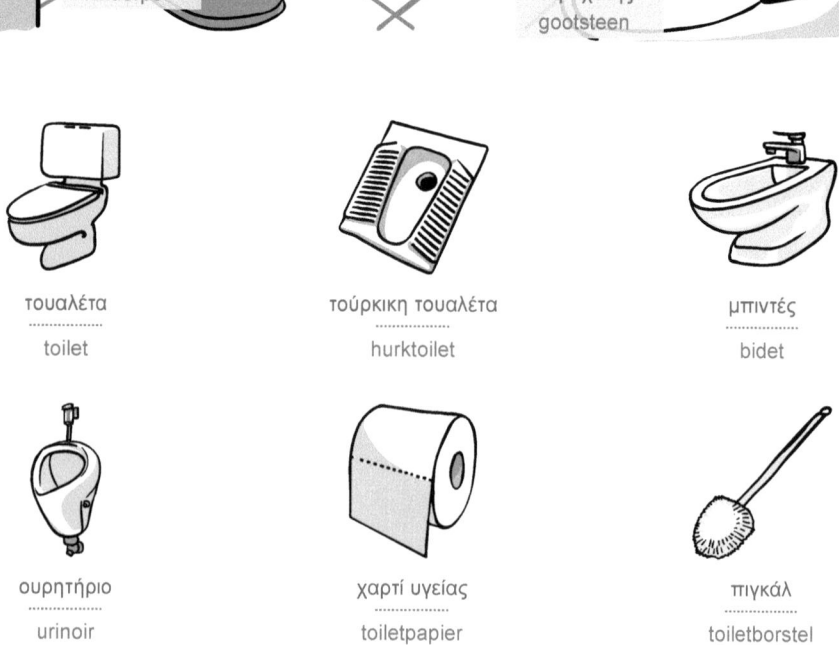

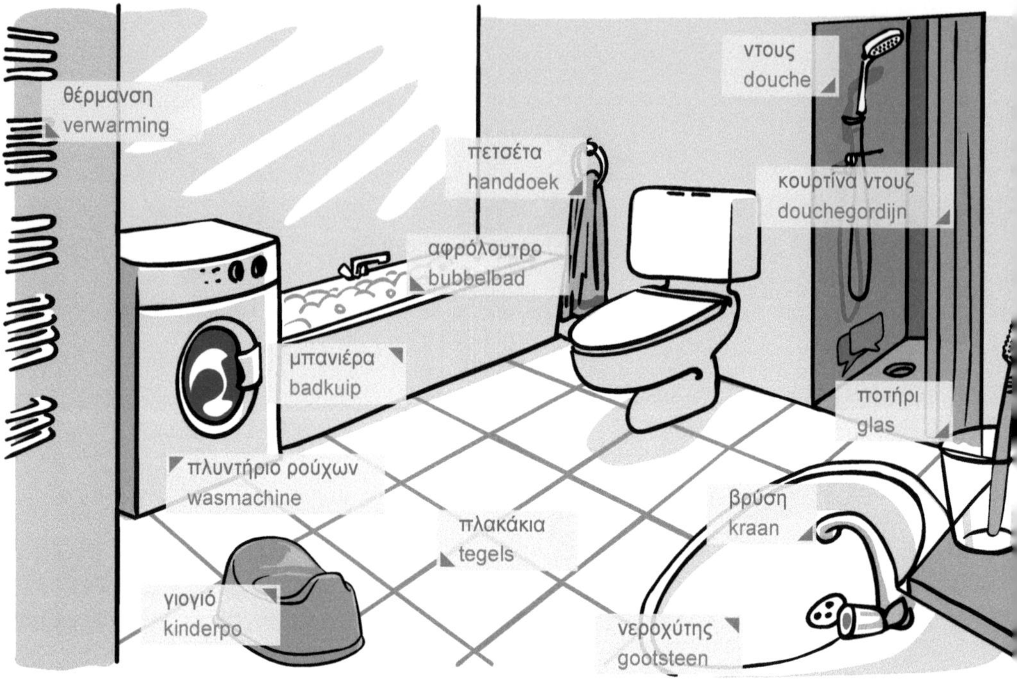
θέρμανση
verwarming
ντους
douche
πετσέτα
handdoek
κουρτίνα ντουζ
douchegordijn
αφρόλουτρο
bubbelbad
μπανιέρα
badkuip
ποτήρι
glas
πλυντήριο ρούχων
wasmachine
βρύση
kraan
πλακάκια
tegels
γιογιό
kinderpo
νεροχύτης
gootsteen

τουαλέτα

toilet

τούρκικη τουαλέτα

hurktoilet

μπιντές

bidet

ουρητήριο

urinoir

χαρτί υγείας

toiletpapier

πιγκάλ

toiletborstel

οδοντόβουρτσα

tandenborstel

οδοντόκρεμα

tandpasta

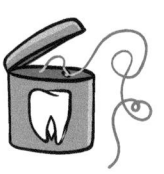

οδοντικό νήμα

flosdraad

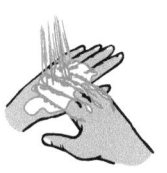

πλένω

wassen

τηλέφωνο ντους

handdouche

ντουσιέρα

bidethanddouche

λεκάνη

waskom

βούρτσα πλάτης

rugborstel

σαπούνι

zeep

αφρόλουτρο

douchegel

σαμπουάν

shampoo

φανέλα

washandje

σιφόνι

afvoer

κρέμα

crème

αποσμητικό

deodorant

μπάνιο - badkamer

καθρέφτης

spiegel

καθρέφτης χειρός

handspiegel

ξυραφάκι

scheermes

αφρός ξυρίσματος

scheerschuim

αφτερσέιβ

aftershave

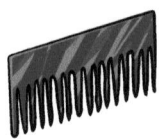

χτένα

kam

βούρτσα

borstel

σεσουάρ

haardroger

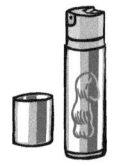

λακ

haarlak

μακιγιάζ

make-up

κραγιόν

lippenstift

βερνίκι νυχιών

nagellak

βαμβάκι

watten

ψαλίδι νυχιών

nagelknipper

άρωμα

parfum

νεσεσέρ
toilettas

σκαμπό
kruk

ζυγαριά
weegschaal

μπουρνούζι
badjas

ελαστικά γάντια
latex handschoenen

ταμπόν
tampon

πετσέτα υγιεινής
maandverband

χημική τουαλέτα
chemisch toilet

παιδικό δωμάτιο
kinderkamer

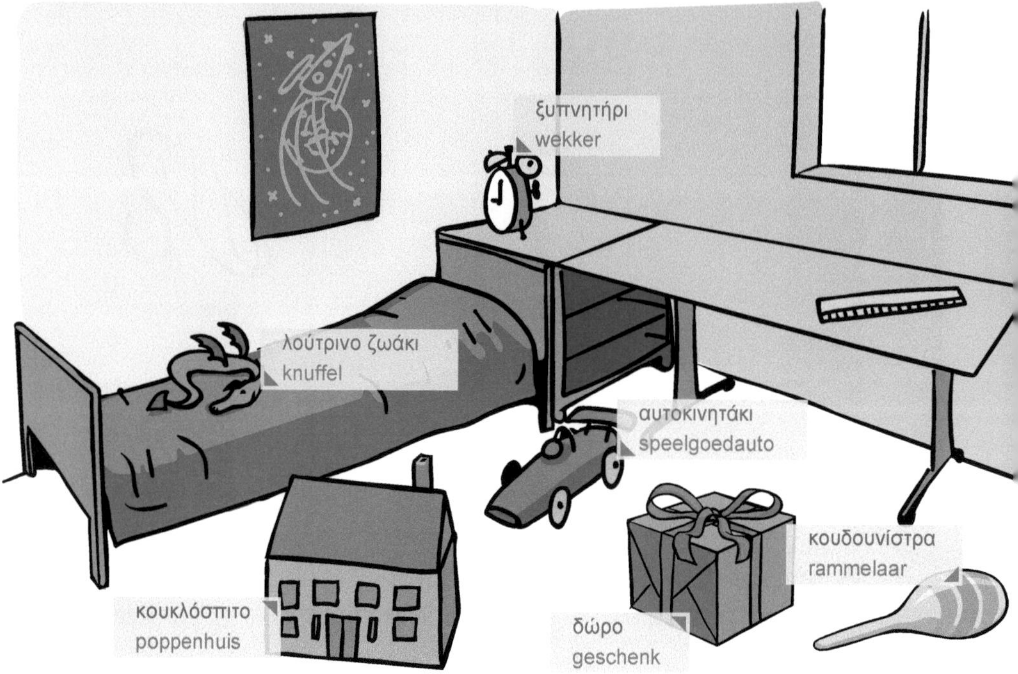
ξυπνητήρι
wekker
λούτρινο ζωάκι
knuffel
αυτοκινητάκι
speelgoedauto
κουδουνίστρα
rammelaar
κουκλόσπιτο
poppenhuis
δώρο
geschenk

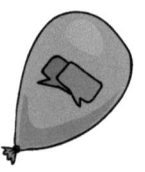

μπαλόνι
ballon

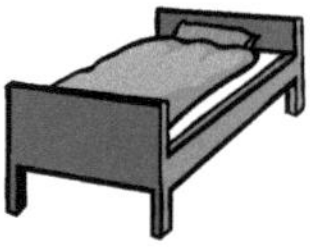

κρεβάτι
bed

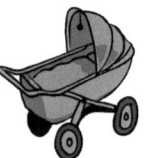

καροτσάκι
kinderwagen

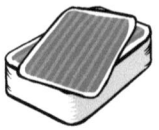

τράπουλα
spel kaarten

παζλ
puzzel

SUPER MEGA

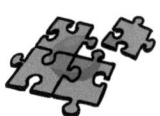

κόμικς
stripboek

τουβλάκια lego

legoblokjes

τουβλάκια κατασκευών

blokken

φιγούρα δράσης

actiefiguur

βρεφικό φορμάκι

kruippakje

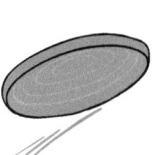

φρίσμπι

frisbee

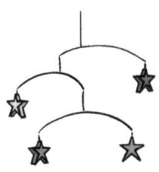

μόμπιλο

mobiel

επιτραπέζιο παιχνίδι

bordspel

ζάρια

dobbelsteen

σετ τρενάκι

modelspoorweg

πιπίλα

fopspeen

πάρτι

feest

εικονογραφημένο βιβλίο

prentenboek

μπάλα

bal

κούκλα

pop

παίζω

spelen

σκάμμα με άμμο

zandbak

κούνια

schommel

παιχνίδια

speelgoed

κονσόλα βιντεοπαιχνιδιών

spelconsole

τρίκυκλο

driewieler

αρκουδάκι

knuffelbeer

ντουλάπα

kleerkast

ρούχα
kleding

κάλτσες

sokken

καλτσοδέτες

kousen

καλσόν

maillot

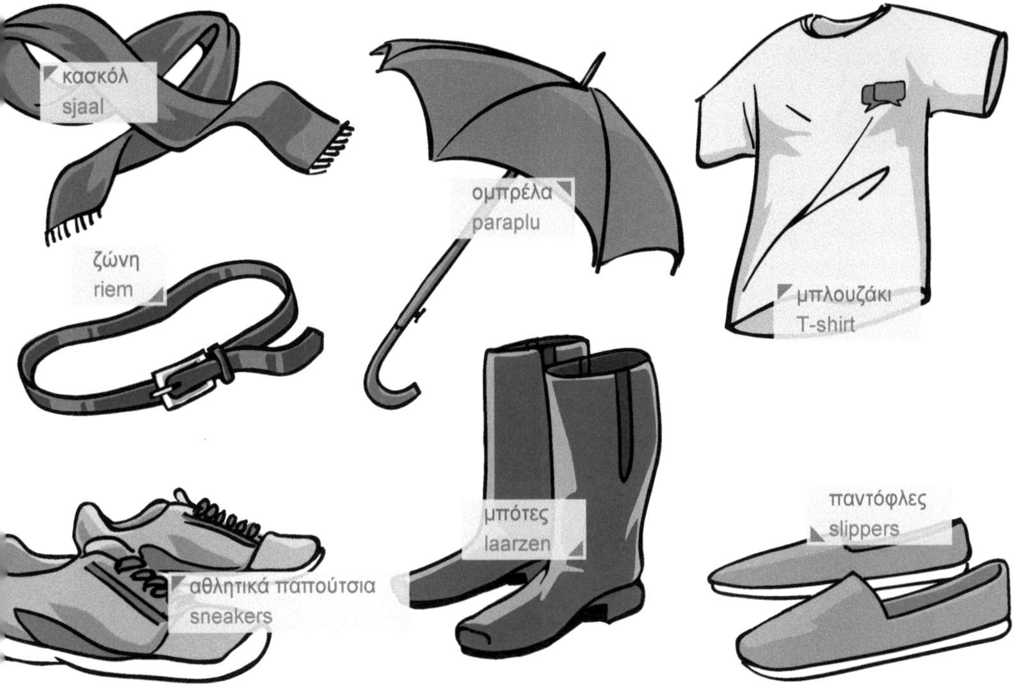

κασκόλ
sjaal

ζώνη
riem

ομπρέλα
paraplu

μπλουζάκι
T-shirt

μπότες
laarzen

παντόφλες
slippers

αθλητικά παπούτσια
sneakers

σανδάλια
sandalen

παπούτσια
schoenen

γαλότσες
rubberlaarzen

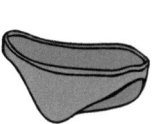

εσώρουχο
onderbroek

σουτιέν
beha

φανέλα
onderhemd

σώμα

lichaam

παντελόνι

broek

τζιν παντελόνι

jeans

φούστα

rok

μπλούζα

blouse

πουκάμισο

hemd

πουλόβερ

trui

πουλόβερ

capuchontrui

σακάκι

blazer

μπουφάν

jas

παλτό

jas

αδιάβροχο πανωφόρι

regenjas

κοστούμι

kostuum

φόρεμα

jurk

νυφικό

trouwjurk

κοστούμι
pak

νυχτικό
nachthemd

πιτζάμες
pyjama

σάρι
sari

μαντήλι
hoofddoek

τουρμπάνι
tulband

μπούρκα
boerka

καφτάνι
kaftan

μουσουλμανικό ένδυμα
abaya

ολόσωμο μαγιό
badpak

ανδρικό μαγιό
zwembroek

σορτς
short

αθλητική φόρμα
trainingspak

ποδιά
schort

γάντια
handschoenen

ρούχα - kleding

κουμπί
knoop

γυαλιά
bril

βραχιόλι
armband

περιδέραιο
ketting

δαχτυλίδι
ring

σκουλαρίκι
oorbel

καπέλο
pet

κρεμάστρα
kapstok

καπέλο
hoed

γραβάτα
das

φερμουάρ
rits

κράνος
helm

τιράντες
bretellen

μαθητική στολή
schooluniform

στολή
uniform

ρούχα - kleding

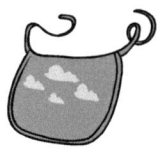

σαλιάρα

slabbetje

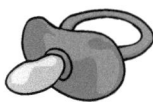

πιπίλα

fopspeen

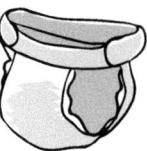

πάνα

luier

γραφείο
kantoor

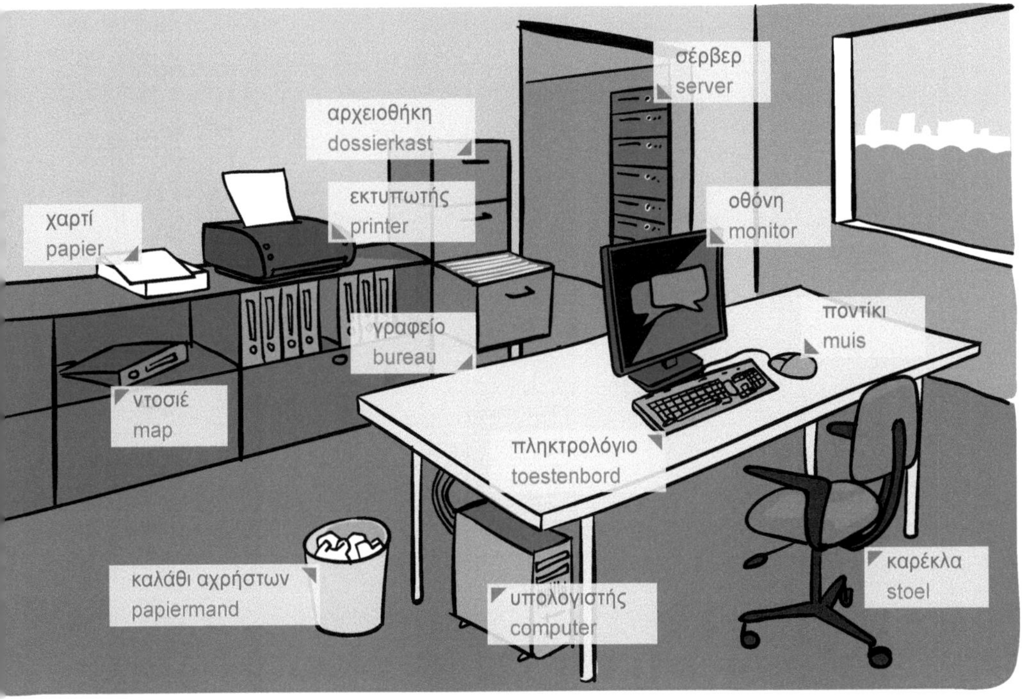

σέρβερ
server
αρχειοθήκη
dossierkast
εκτυπωτής
printer
χαρτί
papier
οθόνη
monitor
ποντίκι
muis
γραφείο
bureau
ντοσιέ
map
πληκτρολόγιο
toestenbord
καρέκλα
stoel
καλάθι αχρήστων
papiermand
υπολογιστής
computer

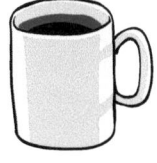

κούπα του καφέ

koffiemok

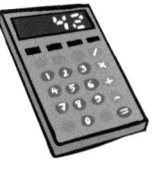

κομπιουτεράκι

rekenmachine

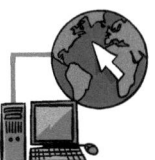

ίντερνετ

internet

λάπτοπ

laptop

γράμμα

brief

μήνυμα

bericht

κινητό

gsm

δίκτυο

netwerk

φωτοτυπικό μηχάνημα

kopieerapparaat

λογισμικό

software

τηλέφωνο

telefoon

πρίζα

stopcontact

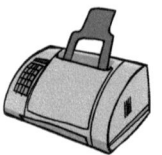

συσκευή φαξ

fax

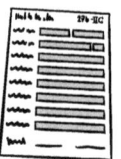

έντυπο

formulier

έγγραφο

document

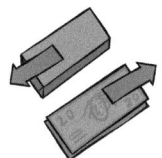

αγοράζω
kopen

πληρώνω
betalen

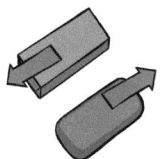

συναλλάσσομαι
handelen

χρήματα
geld

USD

δολάριο
dollar

EUR

ευρώ
euro

JPY

γιεν
yen

RUB

ρούβλι
roebel

CHF

ελβετικό φράγκο
Zwitserse frank

CNY

ρενμίνμπι γιουάν
Chinese renminbi

INR

ρουπία
roepie

ATM (αυτόματη ταμειακή μηχανή)
geldautomaat

ανταλλακτήρια
συναλλάγματος
wisselkantoor

χρυσός
goud

ασήμι
zilver

πετρέλαιο
olie

ενέργεια
energie

τιμή
prijs

συμβόλαιο
contract

φόρος
belasting

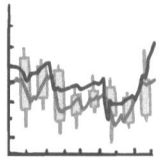

μετοχή
aandeel

δουλεύω
werken

υπάλληλος
werknemer

εργοδότης
werkgever

εργοστάσιο
fabriek

κατάστημα
winkel

οικονομία - economie

επαγγέλματα
beroepen

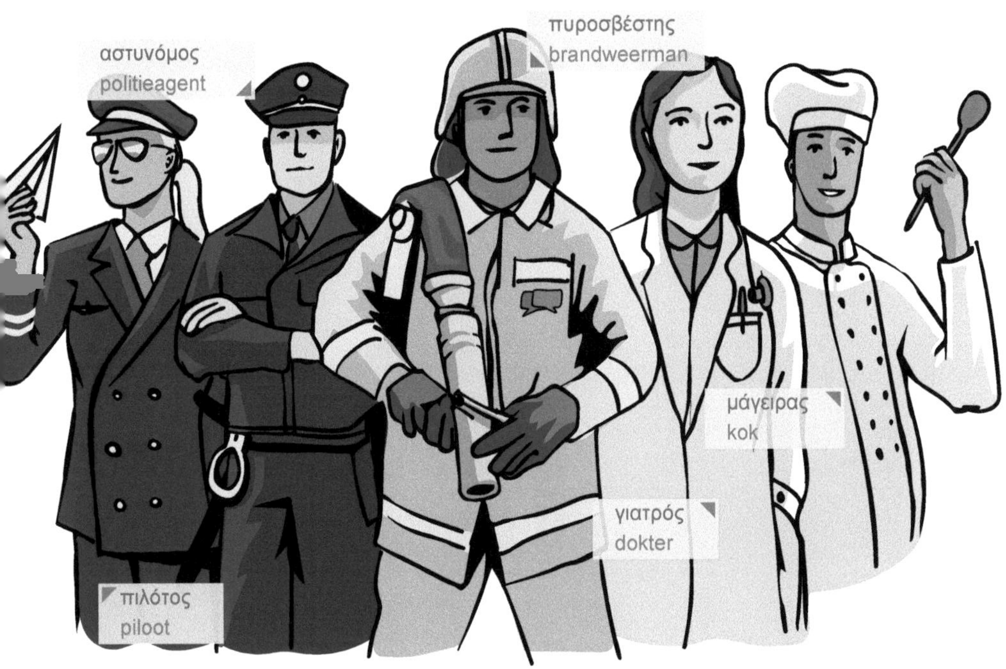
πυροσβέστης
brandweerman
αστυνόμος
politieagent
μάγειρας
kok
γιατρός
dokter
πιλότος
piloot

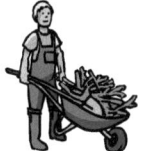

κηπουρός

tuinman

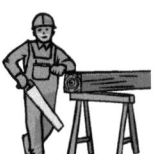

ξυλουργός

timmerman

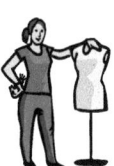

μοδίστρα

naaister

δικαστής

rechter

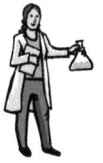

χημικός

chemicus

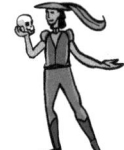

ηθοποιός

acteur

οδηγός λεωφορείου

buschauffeur

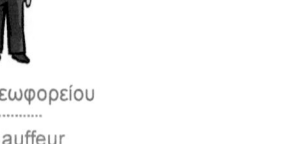

ταξιτζής

taxichauffeur

ψαράς

visser

καθαρίστρια

schoonmaakster

τεχνίτης στεγών

dakdekker

σερβιτόρος

ober

κυνηγός

jager

ζωγράφος

schilder

αρτοποιός

bakker

ηλεκτρολόγος

elektricien

οικοδόμος

bouwvakker

μηχανολόγος

ingenieur

κρεοπώλης

slager

υδραυλικός

loodgieter

ταχυδρόμος

postbode

στρατιώτης
soldaat

αρχιτέκτονας
architect

ταμίας
kassier

ανθοπώλης
bloemist

κομμωτής
kapper

ελεγκτής εισιτηρίων
conducteur

μηχανικός
mecanicien

καπετάνιος
kapitein

οδοντίατρος
tandarts

επιστήμονας
wetenschapper

ραβίνος
rabbijn

ιμάμης
imam

μοναχός
monnik

ιερέας
geestelijke

εργαλεία

werktuigen

σφυρί
hamer
πένσα
tang
κατσαβίδι
schroevendraaier
Γαλλικό κλειδί
schroefsleutel
φακός
zaklamp

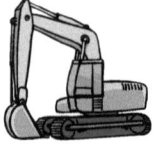

εκσκαφέας

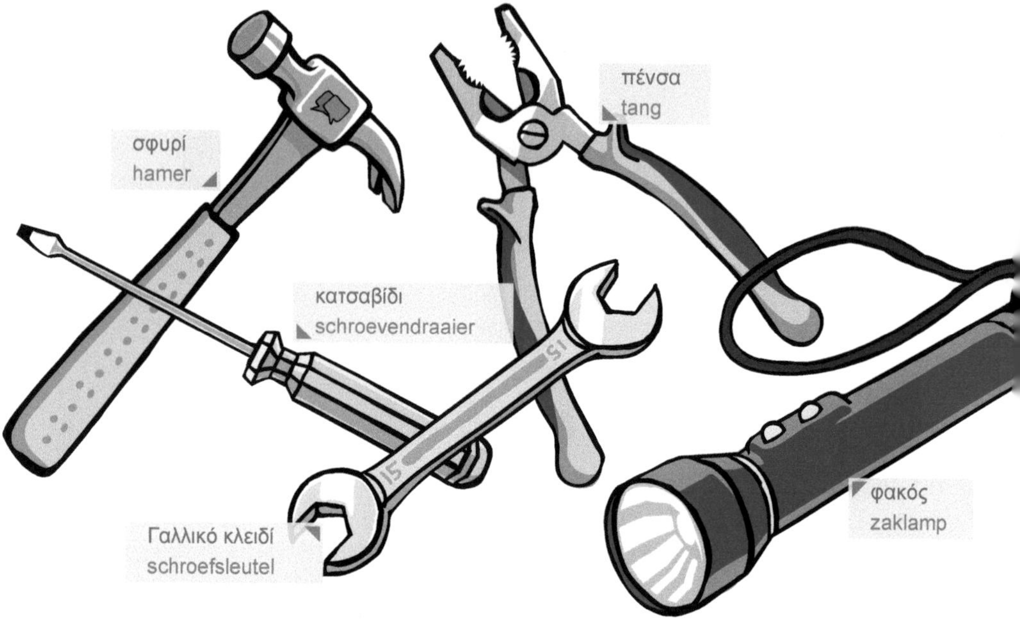

graafmachine

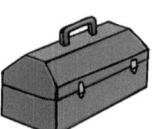

εργαλειοθήκη

gereedschapskoffer

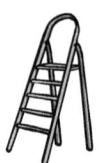

σκάλα

ladder

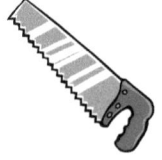

πριόνι

zaag

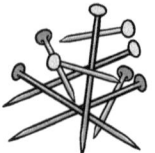

καρφιά

spijkers

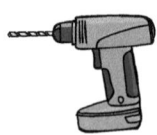

τρυπάνι

boormachine

επισκευάζω

repareren

φτυάρι

schop

Να πάρει!

Verdomme!

φαράσι

blik

δοχείο χρωμάτων

verfpot

βίδες

schroeven

μουσικά όργανα
muziekinstrumenten

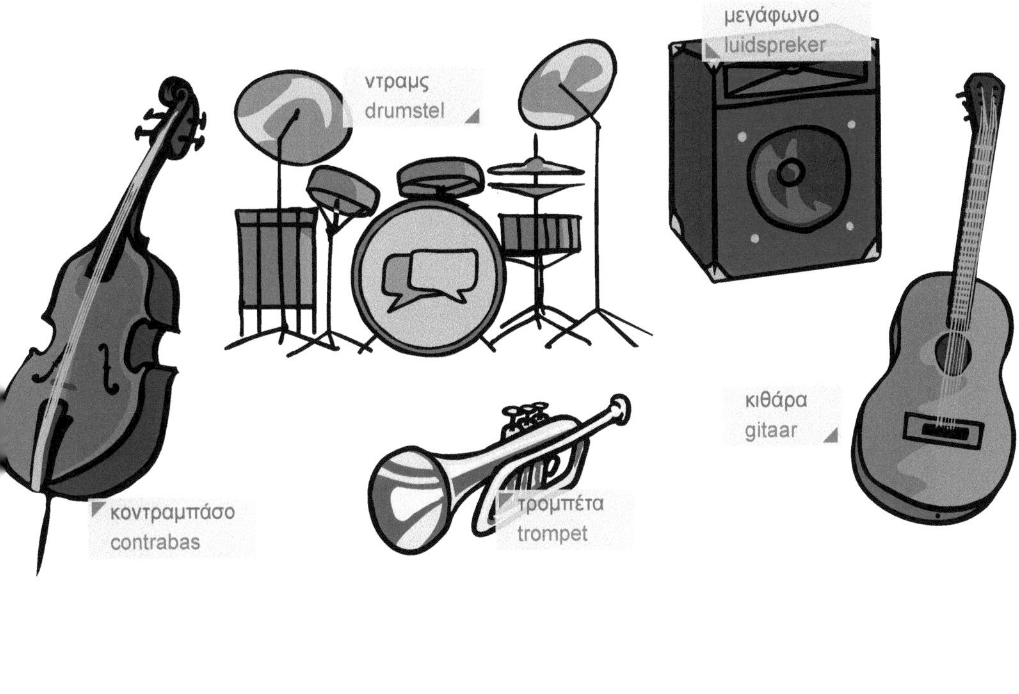

ντραμς
drumstel

μεγάφωνο
luidspreker

κοντραμπάσο
contrabas

τρομπέτα
trompet

κιθάρα
gitaar

πιάνο
piano

βιολί
viool

μπάσο
basgitaar

τύμπανα
pauk

τύμπανο
trommels

πλήκτρα
keyboard

σαξόφωνο
saxofoon

φλάουτο
fluit

μικρόφωνο
microfoon

ζωολογικός κήπος

zoo

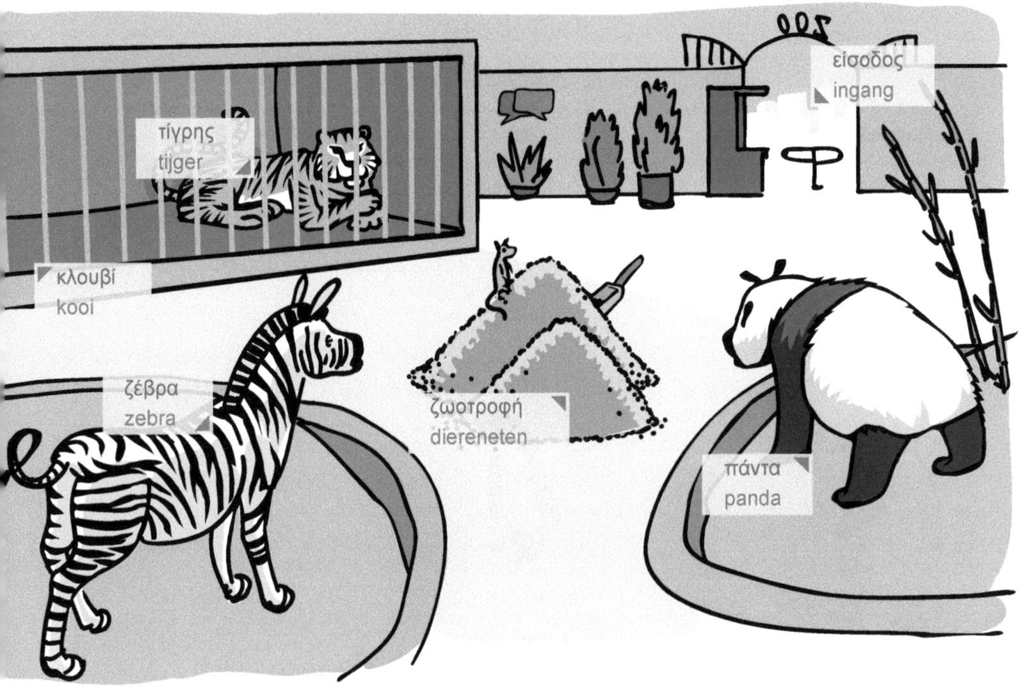

zoo
είσοδος
ingang
τίγρης
tijger
κλουβί
kooi
ζέβρα
zebra
ζωοτροφή
diereneten
πάντα
panda

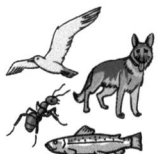

ζώα

dieren

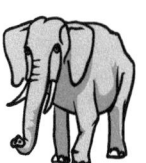

ελέφαντας

olifant

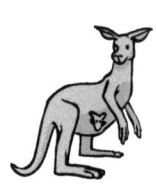

καγκουρό

kangoeroe

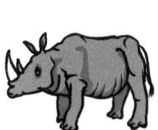

ρινόκερος

neushoorn

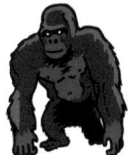

γορίλας

gorilla

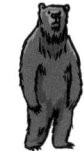

αρκούδα

beer

καμήλα
kameel

στρουθοκάμηλος
struisvogel

λιοντάρι
leeuw

πίθηκος
aap

φλαμίνγκο
flamingo

παπαγάλος
papegaai

πολική αρκούδα
ijsbeer

πιγκουίνος
pinguïn

καρχαρίας
haai

παγώνι
pauw

φίδι
slang

κροκόδειλος
krokodil

φύλακας ζωολογικού κήπου
dierenverzorger

φώκια
zeehond

τζάγκουαρ
jaguar

πόνυ
pony

λεοπάρδαλη
luipaard

ιπποπόταμος
nijlpaard

καμηλοπάρδαλη
giraffe

αετός
adelaar

αγριογούρουνο
wild zwijn

ψάρι
vis

χελώνα
zeeschildpad

θαλάσσιος ίππος
walrus

αλεπού
vos

γαζέλα
gazelle

Αμερικάνικο ποδόσφαιρο
rugby

ποδηλασία
wielrennen

αντισφαίριση
tennis

μπάσκετ
basketbal

κολύμβηση
zwemmen

χόκεϋ επί πάγου
ijshockey

πυγχαμία
boksen

ποδόσφαιρο
voetbal

μπάντμιντον
badminton

στίβος
atletiek

χάντμπολ
handbal

σκι
skiën

πόλο
polo

δραστηριότητες
activiteiten

γελάω
lachen
πηδάω
springen
αγκαλιάζω
knuffelen
περπατάω
wandelen
τραγουδάω
zingen
ονειρεύομαι
dromen
προσεύχομαι
bidden
φιλάω
kussen

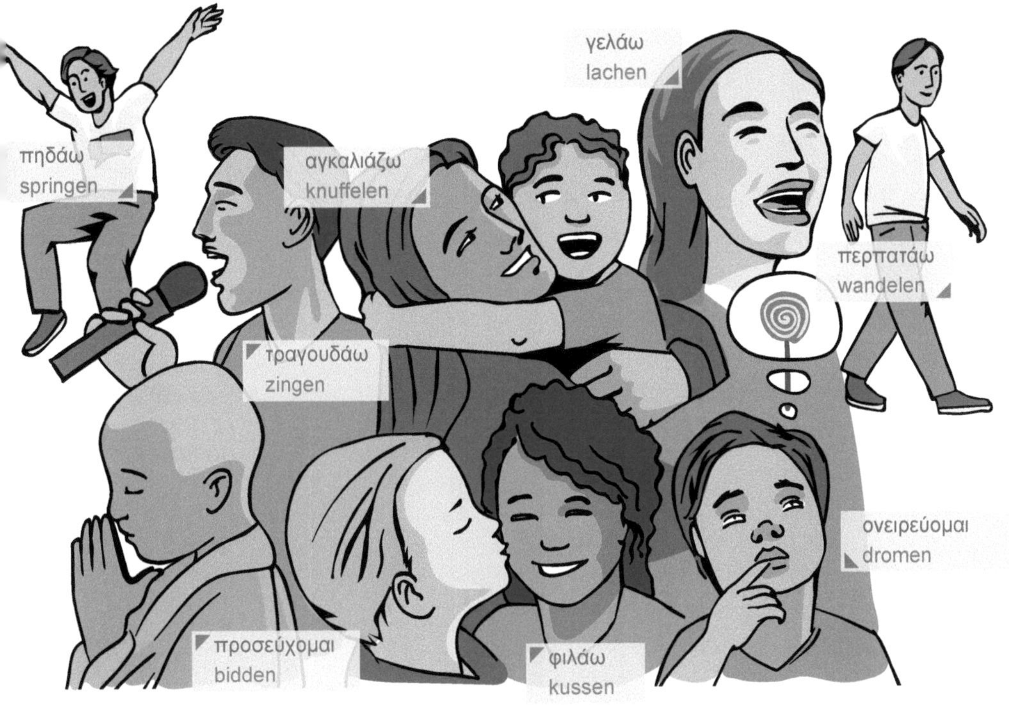

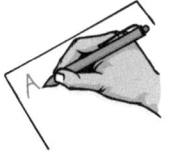

γράφω
schrijven

σχεδιάζω
tekenen

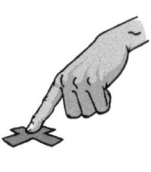

δείχνω
tonen

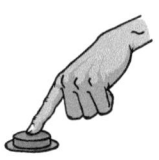

πιέζω
duwen

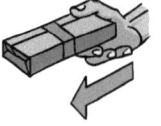

δίνω
geven

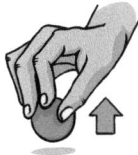

παίρνω
nemen

έχω
hebben

κάνω
doen

είμαι
zijn

στέκομαι
staan

τρέχω
lopen

τραβάω
trekken

ρίχνω
gooien

πέφτω
vallen

ξαπλώνω
liggen

περιμένω
wachten

κουβαλώ
dragen

κάθομαι
zitten

φοράω
aankleden

κοιμάμαι
slapen

ξυπνάω
ontwaken

κοιτάω
....
kijken naar

κλαίω
....
wenen

χαϊδεύω
....
aaien

χτενίζω
....
kammen

μιλάω
....
praten

καταλαβαίνω
....
begrijpen

ρωτάω
....
vragen

ακούω
....
luisteren

πίνω
....
drinken

τρώω
....
eten

συγυρίζω
....
opruimen

αγαπάω
....
houden van

μαγειρεύω
....
koken

οδηγώ
....
rijden

πετάω
....
vliegen

κάνω ιστιοπλοΐα
zeilen

υπολογίζω
rekenen

διαβάζω
Lezen

μαθαίνω
leren

δουλεύω
werken

παντρεύομαι
trouwen

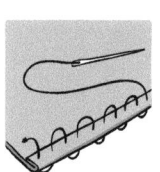

ράβω
naaien

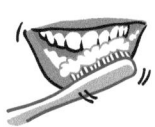

βουρτσίζω τα δόντια
tandenpoetsen

σκοτώνω
doden

καπνίζω
roken

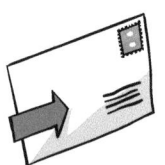

στέλνω
sturen

οικογένεια
familie

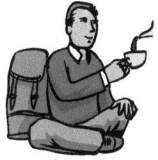

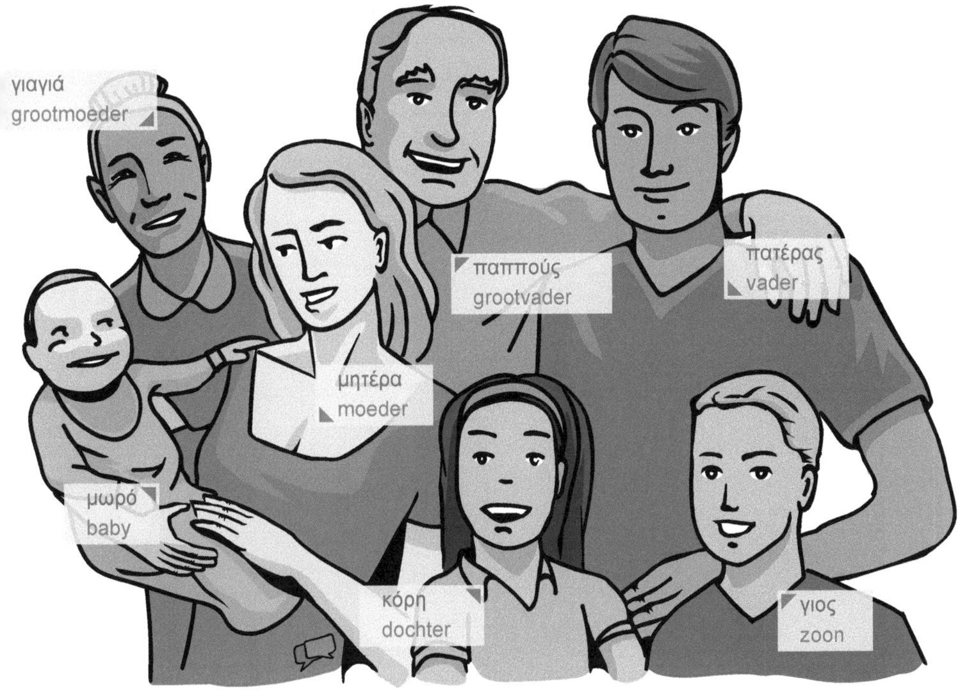

γιαγιά
grootmoeder
παππούς
grootvader
πατέρας
vader
μητέρα
moeder
μωρό
baby
κόρη
dochter
γιος
zoon

καλεσμένος

gast

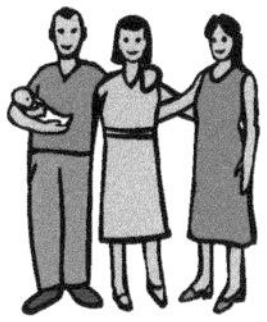

θεία

tante

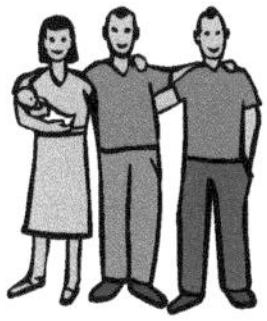

θείος

oom

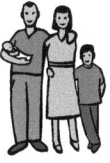

αδελφός

broer

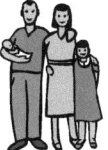

αδελφή

zus

σώμα
lichaam

μέτωπο
voorhoofd
μάτι
oog
ώμος
schouder
δάχτυλο
vinger
πρόσωπο
gezicht
πιγούνι
kin
χέρι
hand
στήθος
borst
πόδι
been
βραχίονας
arm

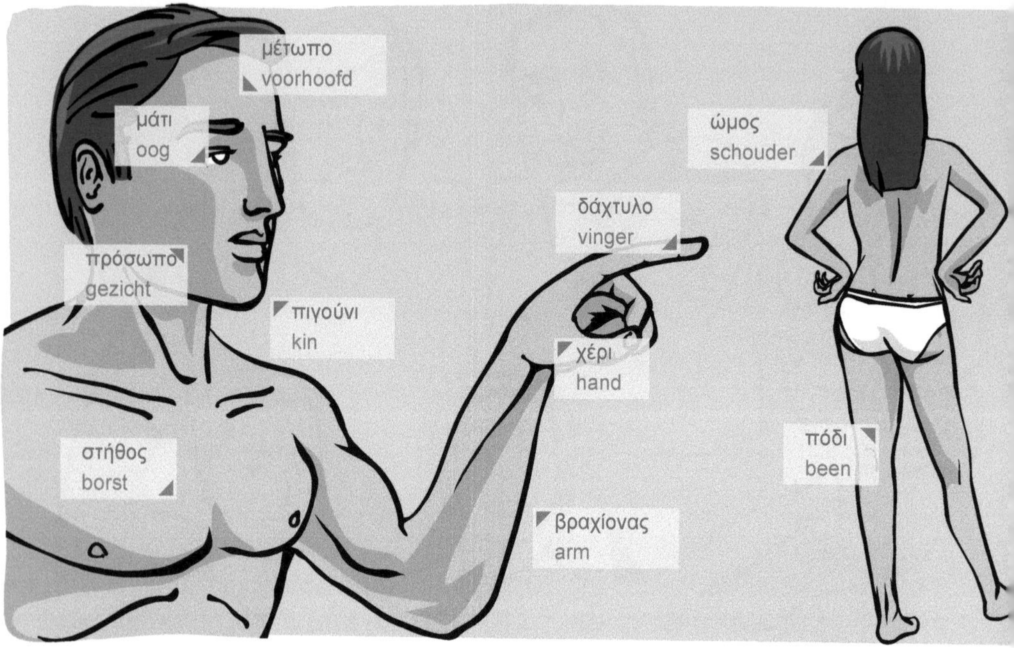

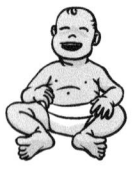

μωρό

baby

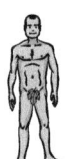

άνδρας

man

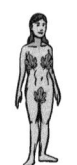

γυναίκα

vrouw

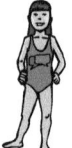

κορίτσι

meisje

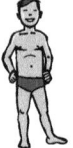

αγόρι

jongen

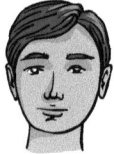

κεφάλι

hoofd

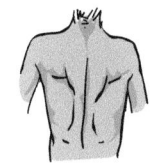

πλάτη

rug

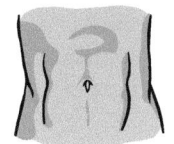

κοιλιά

buik

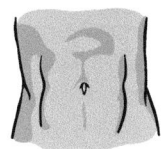

αφαλός

navel

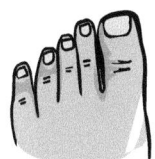

δάχτυλο ποδιού

teen

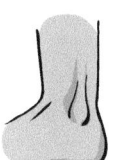

φτέρνα

hiel

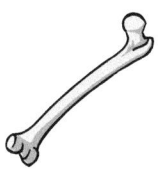

κόκκαλο

bot

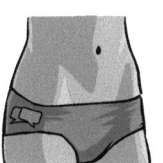

γοφός

heup

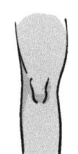

γόνατο

knie

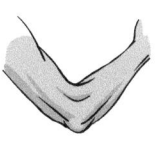

αγκώνας

elleboog

μύτη

neus

γλουτός

zitvlak

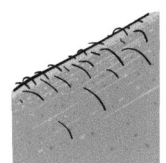

δέρμα

huid

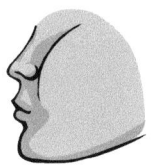

μάγουλο

wang

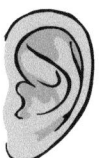

αυτί

oor

χείλος

lip

στόμα

mond

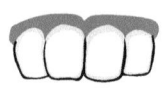

δόντι

tand

γλώσσα

tong

εγκέφαλος

hersenen

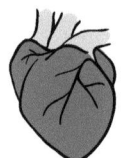

καρδιά

hart

μυς

spier

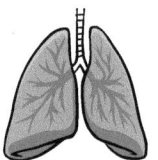

πνεύμονας

long

συκώτι

lever

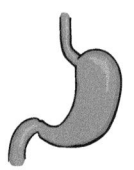

στομάχι

maag

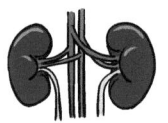

νεφρά

nieren

σεξουαλική επαφή

seks

προφυλακτικό

condoom

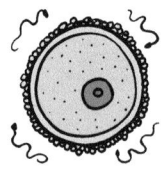

ωάριο

eicel

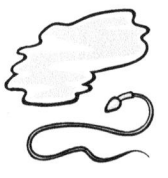

σπέρμα

sperma

εγκυμοσύνη

zwangerschap

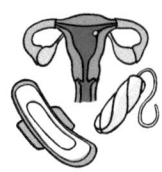

περίοδος

menstruatie

γυναικείος κόλπος

vagina

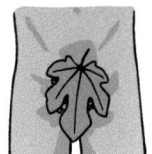

πέος

penis

φρύδι

wenkbrauw

μαλλιά

haar

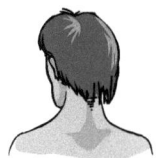

λαιμός

nek

νοσοκομείο
ziekenhuis

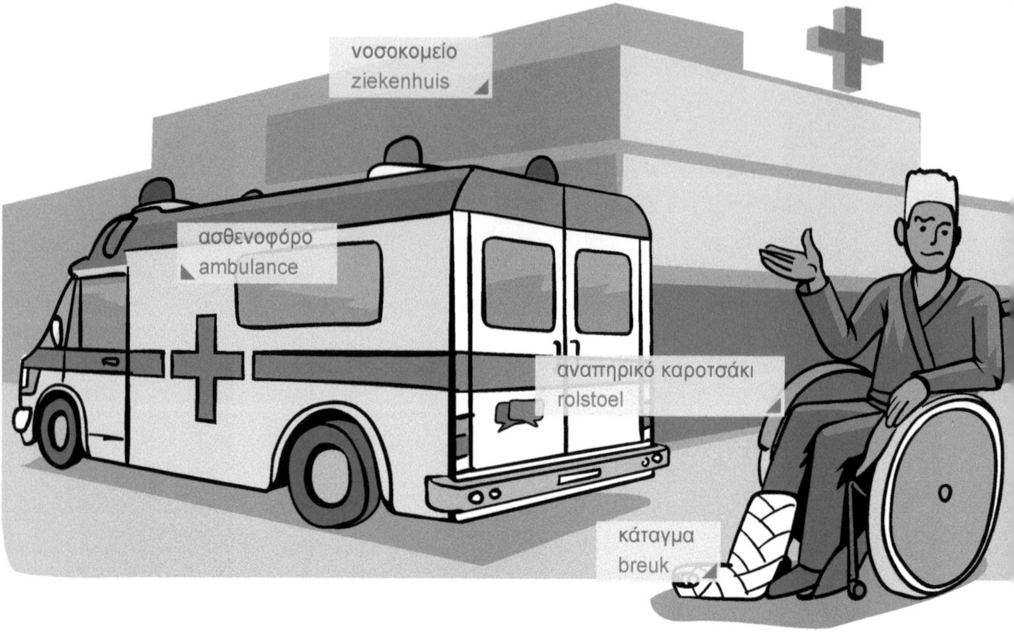

νοσοκομείο
ziekenhuis
ασθενοφόρο
ambulance
αναπηρικό καροτσάκι
rolstoel
κάταγμα
breuk

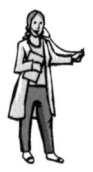

γιατρός
dokter

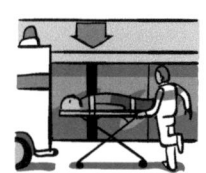

μονάδα εντατικής θεραπείας
spoed

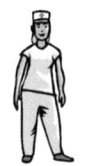

νοσοκόμα
verpleegkundige

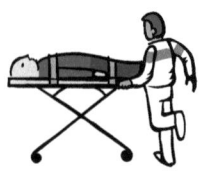

έκτακτη ανάγκη
noodgeval

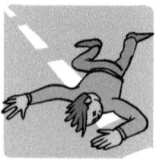

λιπόθυμος
bewusteloos

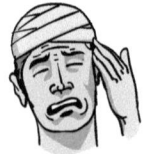

πόνος
pijn

τραύμα
verwonding

αιμορραγία
bloeding

έμφραγμα
hartaanval

εγκεφαλικό
beroerte

αλλεργία
allergie

βήχας
hoest

πυρετός
koorts

γρίπη
griep

διάρροια
diarree

πονοκέφαλος
hoofdpijn

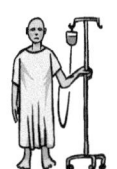

καρκίνος
kanker

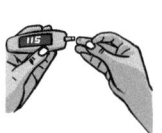

διαβήτης
diabetes

χειρουργός
chirurg

νυστέρι
scalpel

εγχείρηση
operatie

αξονική τομογραφία
CT

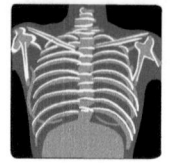

ακτινογραφία
röntgenstraal

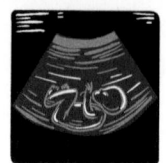

υπέρηχος
ultrageluid

μάσκα
gezichtsmasker

ασθένεια
ziekte

αίθουσα αναμονής
wachtkamer

πατερίτσα
kruk

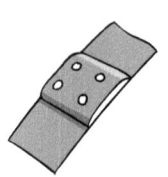

χάνσαπλαστ
pleister

επίδεσμος
verband

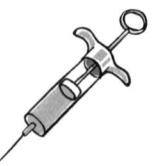

ένεση
injectie

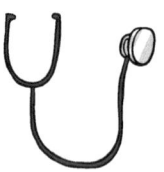

στηθοσκόπιο
stethoscoop

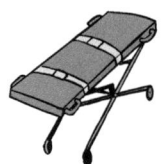

φορείο
brancard

θερμόμετρο
thermometer

γέννηση
geboorte

υπέρβαρο
overgewicht

ακουστικό βαρηκοΐας

hoorapparaat

αντισηπτικό

ontsmettingsmiddel

λοίμωξη

infectie

ιός

virus

HIV/AIDS

HIV / AIDS

φάρμακο

medicijn

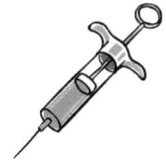

εμβολιασμός

vaccinatie

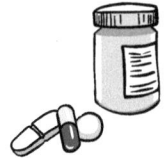

δισκία

tabletten

χάπι

pil

κλήση έκτακτης ανάγκης

noodoproep

πιεσόμετρο αίματος

bloeddrukmeter

άρρωστος / υγιής

ziek / gezond

Βοήθεια!

Help!

συναγερμός

alarm

βιαιοπραγία

overval

επίθεση

aanval

κίνδυνος

gevaar

έξοδος κινδύνου

nooduitgang

Φωτιά!

Brand!

πυροσβεστήρας

brandblusser

ατύχημα

ongeval

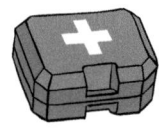

κουτί πρώτων βοηθειών

EHBO-kit

SOS

SOS

αστυνομία

politie

Ευρώπη

Europa

Βόρεια Αμερική

Noord-Amerika

Νότια Αμερική

Zuid-Amerika

Αφρική

Afrika

Ασία

Azië

Αυστραλία

Australië

Ατλαντικός Ωκεανός

Atlantische Oceaan

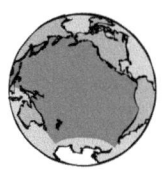

Ειρηνικός Ωκεανός

Stille Oceaan

Ινδικός Ωκεανός

Indische Oceaan

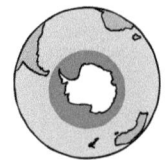

Ανταρκτικός Ωκεανός

Antarctische Oceaan

Αρκτικός Ωκεανός

Arctische Oceaan

Βόρειος Πόλος

Noordpool

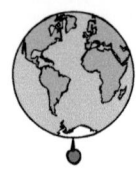

Νότιος Πόλος

Zuidpool

Ανταρκτική

Antarctica

Γη

aarde

γη

land

θάλασσα

zee

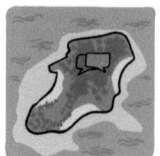

νησί

eiland

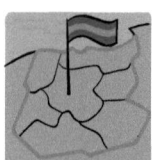

έθνος

natie

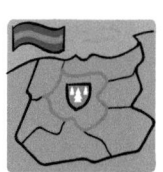

πολιτεία

staat

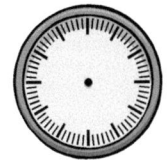

καντράν ρολογιού

wijzerplaat

ωροδείκτης

uurwijzer

λεπτοδείκτης

minuutwijzer

δείκτης δευτερολέπτων

secondewijzer

Τι ώρα είναι;

Hoe laat is het?

ημέρα

dag

χρόνος

tijd

τώρα

nu

ψηφιακό ρολόι

digitale horloge

λεπτό

minuut

ώρα

uur

εβδομάδα
week

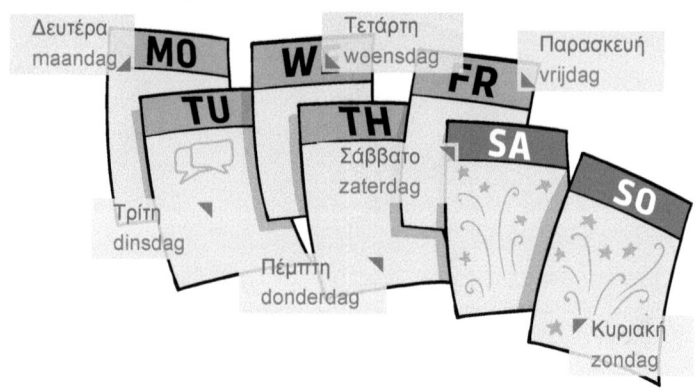

χθες

gisteren

σήμερα

vandaag

αύριο

morgen

πρωί

ochtend

μεσημέρι

middag

βράδυ

avond

MO	TU	WE	TH	FR	SA	SU
1	2	3	4	5	6	7
8	9	10	11	12	13	14
15	16	17	18	19	20	21
22	23	24	25	26	27	28
29	30	31	1	2	3	4

εργάσιμες ημέρες

werkdagen

MO	TU	WE	TH	FR	SA	SU
1	2	3	4	5	6	7
8	9	10	11	12	13	14
15	16	17	18	19	20	21
22	23	24	25	26	27	28
29	30	31	1	2	3	4

Σαββατοκύριακο

weekend

έτος
jaar

βροχή
regen
ουράνιο τόξο
regenboog
άνεμος
wind
χιόνι
sneeuw
άνοιξη
lente
φθινόπωρο
herfst
καλοκαίρι
zomer
χειμώνας
winter

4.APRIL 11°
5.APRIL 4°
6.APRIL 13°
7.APRIL 8°
8.APRIL 10°

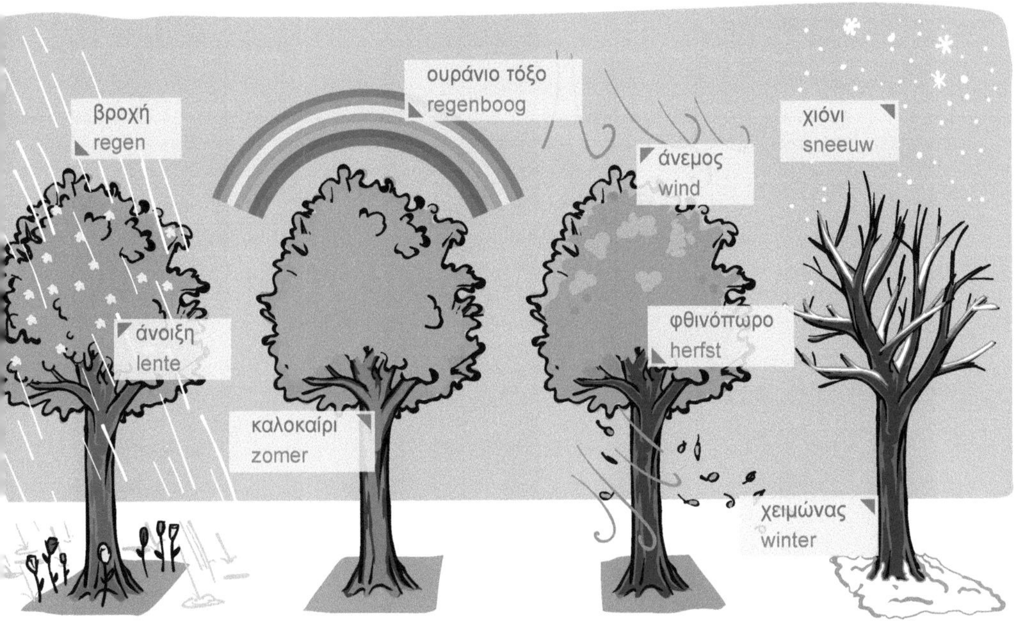

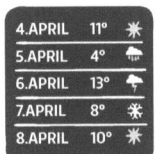

πρόγνωση καιρού

weervoorspelling

F
C
120
90
60
30
0
-30
40
30
20
10
0
-10
-20

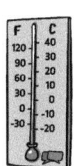

θερμόμετρο

thermometer

λιακάδα

zonneschijn

σύννεφο

wolk

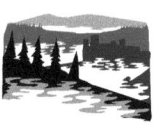

ομίχλη

mist

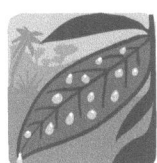

υγρασία

vochtigheid

αστραπή

bliksem

κεραυνός

donder

καταιγίδα

storm

χαλάζι

hagel

μουσώνας

moesson

πλημμύρα

overstroming

πάγος

ijs

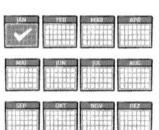

Ιανουάριος

januari

Φεβρουάριος

februari

Μάρτιος

maart

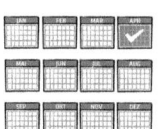

Απρίλιος

april

Μάιος

mei

Ιούνιος

juni

Ιούλιος

juli

Αύγουστος

augustus

έτος - jaar

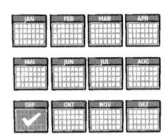

Σεπτέμβριος
....
september

Οκτώβριος
....
oktober

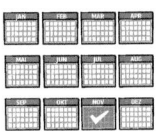

Νοέμβριος
....
november

Δεκέμβριος
....
december

σχήματα
vormen

κύκλος
....
cirkel

τετράγωνο
....
kwadraat

ορθογώνιο
παραλληλόγραμμο
rechthoek

τρίγωνο
....
driehoek

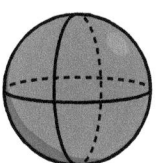

σφαίρα
....
bol

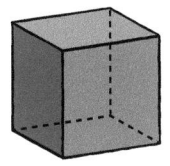

κύβος
....
kubus

άσπρο

wit

κίτρινο

geel

πορτοκαλί

oranje

ροζ

roze

κόκκινο

rood

μωβ

paars

μπλε

blauw

πράσινο

groen

καφέ

bruin

γκρι

grijs

μαύρο

zwart

πολύ / λίγο

veel / weinig

θυμωμένος / ήρεμος

boos / kalm

όμορφος / άσχημος

mooi / lelijk

αρχή / τέλος

begin / einde

μεγάλος / μικρός

groot / klein

φωτεινός / σκοτεινός

licht / donker

αδελφός / αδελφή

broer / zus

καθαρός / λερωμένος

proper / vuil

πλήρης / ατελής

volledig / onvolledig

ημέρα / νύχτα

dag / nacht

νεκρός / ζωντανός

dood / levend

φαρδύς / στενός

breed / smal

βρώσιμος / μη βρώσιμος

eetbaar / oneetbaar

κακός / ευγενικός

kwaadaardig / vriendelijk

ενθουσιασμένος / βαριεστημένος

opgewonden / verveeld

παχύς / λεπτός

dik / dun

πρώτος / τελευταίος

eerst / laatst

φίλος / εχθρός

vriend / vijand

γεμάτος / άδειος

vol / leeg

σκληρός / μαλακός

hard / zacht

βαρύς / ελαφρύς

zwaar / licht

πείνα / δίψα

honger / dorst

άρρωστος / υγιής

ziek / gezond

παράνομος / νόμιμος

illegaal / legaal

έξυπνος / χαζός

intelligent / dom

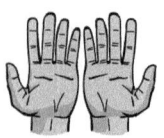

αριστερός / δεξιός

links / rechts

κοντινός / μακρινός

dichtbij / veraf

καινούριος /
μεταχειρισμένος
nieuw / gebruikt

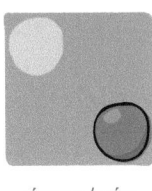

τίποτα / κάτι
niets / iets

γέρος | νέος
oud / jong

αναμμένος / σβηστός
aan / uit

ανοιχτός / κλειστός
open / dicht

χαμηλόφωνος /
μεγαλόφωνος
stil / luid

πλούσιος / φτωχός
rijk / arm

σωστός / λανθασμένος
juist / fout

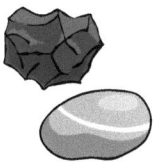

τραχύς / λείος
ruw / glad

λυπημένος / χαρούμενος
droevig / blij

κοντός / μακρύς
kort / lang

αργός / γρήγορος
traag / snel

υγρός / στεγνός
nat / droog

ζεστός / δροσερός
warm / koud

πόλεμος / ειρήνη
oorlog / vrede

0
μηδέν

nul

1
ένα

één

2
δύο

twee

3
τρία

drie

4
τέσσερα

vier

5
πέντε

vijf

6
έξι

zes

7
εφτά

zeven

8
οκτώ

acht

9
εννιά

negen

10
δέκα

tien

11
έντεκα

elf

12

δώδεκα

twaalf

13

δεκατρία

dertien

14

δεκατέσσερα

veertien

15

δεκαπέντε

vijftien

16

δεκαέξι

zestien

17

δεκαεφτά

zeventien

18

δεκαοκτώ

achtien

19

δεκαεννέα

negentien

20

είκοσι

twintig

100

εκατό

honderd

1.000

χίλια

duizend

1.000.000

εκατομμύριο

miljoen

Αγγλικά

Engels

Αμερικάνικα Αγγλικά

Amerikaans Engels

Μανδαρίνικα Κινέζικα

Chinees (Mandarijn)

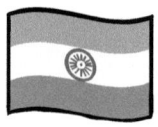

Χίντι

Hindi

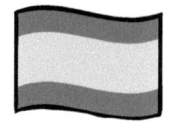

Ισπανικά

Spaans

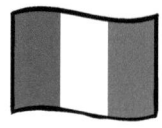

Γαλλικά

Frans

Αραβικά

Arabisch

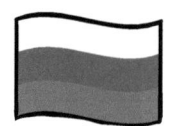

Ρώσικα

Russisch

Πορτογαλικά

Portugees

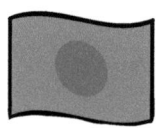

Μπενγκάλι

Bengali

Γερμανικά

Duits

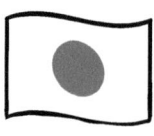

Ιαπωνικά

Japans

εγώ

ik

εσύ

u

αυτός / αυτή / αυτό

hij / zij / het

εμείς

wij

εσείς

u

αυτοί / αυτές / αυτά

ze

ποιος / ποια / ποιο;

wie?

τι;

wat?

πώς;

hoe?

πού;

waar?

πότε;

wanneer?

όνομα

naam

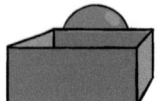

πίσω

achter

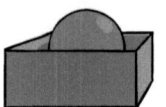

μέσα

in

μπροστά

voor

πάνω από

boven

πάνω

op

κάτω

onder

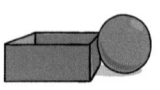

δίπλα

naast

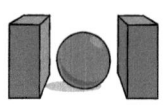

ανάμεσα

tussen

μέρος

plaats